역사를 바꾸기도 하는

무서운 세금 이야기

공인회계사 · 경영학박사
정병수 지음

예감

역사를 바꾸기도 하는
무서운 세금 이야기

초판1쇄   2022년 9월 20일

지 은 이   정병수
펴 낸 이   이규종
펴 낸 곳   예감
등록번호   제215-000130호(2015.06.11)
등록된곳   경기도 고양시 덕양구 호국로 627번길 145-15
전   화   031-962-8008
팩   스   031-962-8889
이 메 일   elman1985@hanmail.net
         www.elman.kr

ISBN   979-11-89083-37-3 03320

값 14,000 원

이 도서는 한국출판문화산업진흥원의 2022년 중소출판사 출판콘텐츠 창작 지원
사업의 일환으로 국민체육진흥기금을 지원받아 제작되었습니다.

역사를 바꾸기도 하는

무서운 세금 이야기

공인회계사 · 경영학박사
정병수 지음

예감

목차

프롤로그

지은이 정병수

　세금 문제는 어느 나라 어느 시대나 민감한 사안이다. 대가없이 강제로 징수하는 것이기 때문이다. 그렇기에 언제나 국민의 재산권과 충돌할 가능성이 잠재되어 있다. 역사적으로 봐도 세금의 횡포가 사회문제 또는 나라의 문제로 비화된 경우가 종종 발생하곤 했다.

　1. 2021년 우리나라는 종합부동산세가 핫 이슈였다. 2005년 입법화한 것인데, 처음엔 9억 원이 넘는 소수의 고액 부동산 보유자를 겨냥한 것이었다. 그런데 2021년 8월에 과세기준이 9억 원에서 11억 원으로 증액하였음에도 불구하고 종합부동산세 대상자가 100만 명에 육박하는 바람에 일반세화 되어 '세금폭탄'이라는 신조어만 남기고 당초의 입법취지가 퇴색되었다.

　2. 고 이건희 삼성그룹 회장의 유산 26조 원 중에서 기부한 국보급 그림 3조 원과 현금 1조 원을 차감한 22조 원에 대한 상속세가 12조(55%)원으로 계신되었다. 이는 인류 역사상 최고의 상속세액으로 놀

라운 사실이다. 애플(Apple)사를 창업한 세계 최고의 부자 스티브 잡스(Steve Jobs)가 2011년에 사망했을 때 남긴 유산은 약 70억 달러(7조 7000억 원)로 상속세는 28억 달러(약 3조 원, 약 40%)에 불과해 비교가 된다.

3. "호랑이보다 더 무서운 세금"이란 말이 있다. 춘추전국시대에 공자(孔子, B.C. 551~479)께서 어느 날 노나라를 떠나 제나라로 가고 있는데 산속 깊은 곳에서 여인의 울음소리가 들려왔다. 제자를 시켜 사연을 알아보니 재작년에는 시아버님이 호랑이한테 물려갔고, 작년에는 남편이 호랑이에게 물려갔는데, 올해는 아들마저 물려가는 바람에 너무나 억울해서 세 무덤 앞에서 울고 있었다는 것이다. 그러면 왜 진작 읍내로 이사하여 안전하게 살지 않았느냐고 묻자, 그곳에는 "호랑이보다 더 무서운 세금이 있기 때문"이라고 대답하더라는 것이다. 이에 공자는 무릎을 치면서 "가정맹어호(苛政猛於虎)"라고 했다.

4. 미국 독립 전쟁의 발단은 처음부터 자유가 아니라 세금이었다. 영국은 미국 식민지를 두고 프랑스와 싸워 이기자, 주민들의 주머니를 쥐어짰다. 이에 식민지 주민들은 "대표 없이 세금 없다"는 구호를 외치면서 과중한 세금에 저항하다가, 1773년 보스턴 항구에 정박 중인 영국 선박에 침입하여 배에 있던 차(茶) 상자들을 바다로 던져버렸다. 이 보스턴 '차 사건(Tea Party)'이 미국 독립운동의 결정적인 도화선이 되었다. 조세가 역사를 바꾼 대표적 사례다.

5. 우리나라의 조선 후기 세도정치 때는 전정(田政)·군정(軍政)·환곡(還穀)의 3정이 극도로 문란했다. 그 당시 귀양 가 있는 다산 정약용이

쓴 '애절양 (哀絶陽)'이라는 시(詩)에는 "착취에 견디다 못해 남편이 자신의 생식기를 잘라버리는 서러움"을 표현하고 있다. 이런 착취행위는 고부군수 조병갑의 과중한 수세(水稅)가 결정적인 계기가 되어 동학농민운동이 발발하게 되고, 동학농민운동은 청일전쟁을 유발하게 된다. 이어 청일전쟁은 다시 1910년 한일합병으로 이어져 우리나라가 일제 식민지로 전락하게 된 결정적 계기가 된 것이다.

6. 이처럼 세금 문제는 역사 속에서 민감하고, 때로는 기폭제로 작용하는 중요한 변수이지만, 아직 거기에 걸맞은 비중있는 대접을 못 받아 온 것이 아닌가 싶다. 그렇게 된 데에는 교양 수준의 책이 많지 않은 것도 이유의 하나일 것이다. 그래서 납세자 입장에서 현행

조세의 역할과 별난세금

홍길이 보다 무서운 세금

성실한 납세자가 애국자이자 존경받아야 함

세금에 대한 상식과 교양을 넓힘

조세
(租稅)

역사의 흐름을 바꾸는 세금

요람에서 무덤까지 세금

세법에 대한 해설이나 절세 방법 등을 풀이하는 책도 중요하지만, 역사 속의 세금을 온고지신(溫故知新)으로 살펴보고 세금에 대한 상식과 지혜의 지평선을 넓히는 것도 중요하다.

7. 본 책자의 대부분 내용은 필자가 전적으로 연구한 것도 아니고, 새로운 학설로 주장하고 싶은 것도 아니다. 다만 의미를 부여하자면 구슬도 꿰어야 보배가 되듯이 이곳저곳에 산재해 있던 30개 토픽을 6개

의 큰 주제로 묶은 것이라고 할 수 있다. 정리라고 하지만 콜럼버스의 '계란세우기'처럼 작업이 쉬운것만은 아니었다.

8. 조선 21대 임금인 영조는 조세행정의 지침으로 "균공애민 절용축력 (均貢愛民 節用畜力)"을 강조하였다. 이는 "세금을 평등하게 내도록 해 백성을 사랑하고 씀씀이를 절약하여 국력을 축적하자"라는 뜻이다. 지극히 옳은 이야기이나, 실천은 예나 지금이나 만만하지 않다.

9. 지금도 세금 낼 생각은 하지 않고 예산타령만 하는 사람이 많은 것 같다. 그래서야 국력이 성장할 수 없다. 평생 세금 한 푼 납부하지 않은 자가 국가의 주요 직책에 앉는 것은 스스로 삼가야 할 덕목이 되어야 할것이다. 대신 성실한 납세자가 대접받고 존경받는 사회라야 건강한 사회라고 할 수 있을 것이다.

10. 끝으로 이 책을 집필하는데 10년이란 세월이 흘렀다. 그간 틈틈이 모아 둔 먼지 낀 자료를 보면서도 다른 일에 밀리어 최근에야 자료의 먼지를 털고 보완도 하는 등 분주하게 정리를 했다. 이 과정에서 구절마다 주석을 다는 것이 원칙이지만, 본 책자의 경우 자료를 수집하고 정리한 시간 간격이 커 일일이 주석을 달 수가 없었기에 그동안 참고한 서적 또는 서류를 일괄하여 아래와 같이 밝히니, 관계되는 분들의 깊은 양해를 바란다.

<책자>
1) 생활회계, 정병수, 세학사, 2014
2) 생활과 세금, 윤창훈 외, 탑 21, 2015

3) 역사속 세금 이야기, 문점식, 세경사, 2007

4) 세금 이야기, 전태영, 생각의 나무, 2005

5) 역사속의 세금 이야기, 원윤희, 박영사, 2014

6) 세금이야기, 법무법인 화우, 박영사, 2019

7) 현대법의 이해, 김수미 외, UUP, 2007

8) 천일야사, 권영택, 안다미로, 2007

9) 탈무드 이야기, 이윤범, 가나출판사, 1986

10) 세금 이야기, 국세청, 2021

11) 세금 역사 이야기, 국세청, 2021

12) 우리의 화폐, 세계의 화폐, 한국은행, 1996

〈자료〉

각종 인터넷 자료

아무쪼록 세금에 대한 상식을 넓히고 건강한 사회를 만드는데 이 책이 교양서로 일조하기를 진심으로 희망해본다. 특히 출판을 흔쾌히 허락해주신 예감출판사의 이규종 대표에게 감사드리며, 출판 도중에 본 도서가 〈2022년 중소출판사출판콘덴츠 창작지원사업〉으로 선정되었다는 소식에 기뻤습니다. 아울려 이 책을 출간하기까지 많은 조언을 주신 이상국교수, 장홍범교수,김덕영 선생께 이 자리를 고마움을 표합니다.●

1부

조세의 역할과 별난 세금

1.1. 조세의 어원과 속담

'조세(租稅)'란 용어는 언제부터 생겼을까? 우리나라는 고려 때부터 '세전(稅錢)'이라고 불렸는데, 일제의 영향으로 '세금(稅金)'으로 통용되었다고 한다. 현재 학문적으로나 법률적으로는 세금보다 조세(租稅)라는 용어를 더 많이 사용하고 있다.

1) 조세의 어원

가) 조세는 추수를 기쁘게 바치는 행위

영어로 조세는 Tax라고 하는데 '권력기관이 부과한다'는 뜻이다. 반면에 한자의 조세(租稅)를 파자(破字)하면 조(租)는 禾(벼 화)와 且(皿: 그릇 명의 변형)의 합성어로 추수를 하여 신이나 조상께 바친다는 뜻이다. 세(稅)는 禾(벼 화)와 兌(기쁠 열, 바꿀 열라고 한다.)의 합성어로 재물을 기쁘게 바친다는 뜻이다.

한편 노형철 세무사는 租의 禾는 곡식을 且(차)하는 즉, 取(취할 취)의 뜻이고, 稅에서의 兌는 脫(떼어낼 탈)의 약자로 결국 가을 추수 때에 나라에서 일정량을 떼어내는 것이 조세라고 풀이하고 있다.

세금 = 조세 ; 租 + 稅

(禾 + 且(皿), 禾 + 兌) → 추수하여 기쁜 마음으로 바치는 것

(벼 화, 그릇 명), (벼 화, 기쁠 열)

우리나라의 전통적인 조세는 중국 당나라 조세제도인 조(租)· 용(庸)· 조(調)에서 유래하고 있다. 조(租)는 토지의 소득에 부과되는 지세(地稅)이고, 용(庸)은 부역노동이며, 조(調)는 지역 특산물 및 수공예품을 납부하는 것을 말한다.

나) 조세(租稅), 전세(田稅), 세전(稅錢) 및 세금(稅金)의 변화

조선시대에 조세(租稅)라는 용어는 단순히 전세(田稅)의 뜻으로 제한되어 사용되었지만, 1895년 갑오경장 때 선포된 홍범 14조(고종 32, 1895년)에 규정된 조세(租稅)는 전세를 포함한 국가에서 징수하는 모든 세금 수입을 말한다.

〈일본인들의 무역규칙〉

한편 세금(稅金)이란 단어는 1876년 일제의 강압에 의해 '강화도조약'이 체결될 때, "일본인들의 무역규칙(於朝鮮國議定諸港日本人民貿易規則)"에 처음 등장한 이후 기존의 '세전(稅錢)'이란 용어를 밀어내고 생긴 것이다. 즉, 세전(稅錢)이란 고려 성종 15년(996년)에 최초로 주화가 발행 된 이후 약 1,000년간 사용된 용어이다.

다) 세금(稅金), 기부(寄附) 및 요금(料金)의 차이

세금과 요금과 기부라는 용어는 비슷비슷해 보이지만 회계학에서나 세무학에서 명확하게 구분된다.

먼저 세금과 기부는 대가없이 지출된다는 점에서는 동일하나, 조세는 법률로 강제적인데 비하여 기부는 자율적이라는 점에서 다르다. 간혹 형식은 기부인데 자율적이지 못한 경우 '준조세(準租稅)'라고 부른다. 기부하고 싶지 않지만 어쩔 수 없이 납부하는 기부금이나 부담금을 말한다.

요금은 특정 재화나 서비스를 사용하고 그 사용량에 따라 대가로 지급하는 돈을 말한다. 예를 들면 전기는 전력을 사용한 양에 따라 사용자가 지불하는 대가(代價)로서 '전기사용료' 라는 요금이지, 대가없이 징수하는 '전기세'가 아니다.

2) 세금 관련 속담

가) 말 한마디로 유명해진 벤자민 프랭클린

미화 100불짜리에 새겨진 벤자민 프랭클린(Benjamin Franklin, 1706~1790)은 정치, 외교, 교육, 과학 등 다양한 분야에서 활동했다. 토머스 제퍼슨과 함께 독립 선언서의 초안에 참여했고, 영국과 협상해 13개 식민지를 미국이라는 독립된 주권국으로 승인받는 데

〈미화 100불〉

도 크게 활약했다. 번개가 치는 날 연(鳶)을 날리는 실험을 통해 피뢰침을 발명하기도 했고, 펜실베니아 대학의 초대 총장도 역임했다. 그러나 그를 기억하는 더 큰 이유는 "인간에게 확실한 두 가지는 태어나서 죽는다는 사실과 세금을 피할 수 없다는 것이다" 라는 말을 했기 때문이 아닌가 싶다.

나) 각국의 조세 속담

영국에서는 "요람에서 무덤까지(from the cradle to the grave) 피할 수 없는 것이 세금"이라고 말한다. 요람(搖籃)을 구입하기 위해선 요람 구입가에 10%의 부가가치세(VAT)가 붙고, 장례식장의 시신을 담는 관(棺)에도 부가가치세가 붙으니 말이다.

프랑스에서는 "팔의 굵기에 따라 피를 뽑는다."는 속담이 있다. 소득이 많으면 세금도 비례하여 많아지고 세율도 더 높은 세율을 적용하여 세금을 많이 받는 것을 뜻한다. 독일에서는 "거짓말 빼고는 다 세금이 붙는다."라는 속담이 있다. 한편 중국의 공자(孔子)는 "호랑이 보다 더 무서운 것이 세금(稅金)" 이라고 일찍이 설파했다.

다) 나라가 망하고 또 다른 나라가 서도 세리(稅吏)는 기다린다

기업인들에게 가장 무서운 것이 무엇이냐고 물으면 세무조사(稅務調査)라고 서슴없이 말한다. 그런데 납세자가 아무리 깨끗하고 정직하게 신고 납부했다 하더라도 조사 요원인 세무공무원은 농담 반 진담 반으로 "우리도 일당은 해야지!" 라며 기업을 압박하곤 한다.

오죽하면 " 나라가 망하고 또 다른 나라가 서도 세리(稅吏)는 기다린다" 는 말이 5천년 전의 이라크 수메르 점토판에 쓰여 있을까? 신약시대 세리들은 로마의 앞잡이가 되어 수단방법을 가리지 아니하고 세금을 징수했다. 세리들 중 일부는 세금 징수를 빙자하여 자신의 축재 수단으로 종종 악용하였기 때문에 유대인들 사이에서 세리는 배척의 대상이 된 것이다.(마태복음 21:31).

라) 나폴레옹을 패배시킨 소득세

우리나라 국세의 세목별 비중을 보면 소득세, 법인세 및 부가가치세의 3종목이 전체 세수의 약 85% 내외를 차지하고 나머지 10개 세목의 세수를 다 합해도 약 15%에 불과하다.

근대적 의미의 소득세는 나폴레옹 전쟁(1797~1815) 중에 영국의 윌리엄 피트(William Pitt) 총리가 1798

〈영국의 윌리엄 피트(William Pitt)〉

년 소득세법을 제정하고 소득세를 징수하기 시작했다. 영국은 윌리엄 피트가 소득세를 추가로 발굴해낸 재정 덕분에 나폴레옹과의 전쟁에서 승리할 수 있었기에 일명 "나폴레옹을 패배시킨 윌리엄 피트(William Pitt) 총리의 세금"이란 별칭으로 통하고 있다.

소득이 없고 재산도 없으며 소비도 하지 않으면 세금도 없다. 그러나 세금을 한 푼도 낼 수 없는 사람은 세금에 대해 고민하는 사람을 보게되면 얼마나 부러워할까? ●

1.2 조세의 분류와 역할

국가가 성립되려면 조세징수권(租稅徵收權)이 있어야 한다. 왜냐하면 조세수입 없이는 국가 활동을 수행할 수 없기 때문이다.

1) 조세징수권과 조세의 분류

가) 국가의 성립 요소와 조세징수권

국가 성립의 첫째 요소로 국민이 있어야 한다. 태평양에 아주 큰 무인도가 있다 하더라도 국민이 없으면 나라로 인정받지 못한다.

둘째, 영토가 있어야 한다. 역사상 가장 큰 제국은 대영제국, 몽골제국, 나폴레옹 제국 등을 들 수 있다. 지구의(地球儀)를 가져다가 한반도가 있는 위도를 한 바퀴 돌려보면 우리나라를 제외한 모든 나라가 한때는 세계를 제패한 나라임을 알 수 있다.

셋째는 주권(主權)이 있어야 한다. 주권 행사의 구체적인 내용은 국

방치안권(경찰, 군대)와 조세징수권으로 대별된다. 우리는 일제 시대 때 군대와 조세징수권을 박탈당했기 때문에 독립된 국가가 아닌 식민지가 된 것이다.

우리 헌법엔 조세의 종목과 세율을 법률로 정하도록 되어 있다(헌법 59조). 이를 조세 법률주의(租稅法律主義)라 하고, 근대 세제의 기본원칙으로 삼는다.

나) 조세의 분류

조세의 종목을 줄여서 '세목(稅目)' 이라고 한다. 세목은 분류 기준에 따라 여러 가지로 나눌 수 있다.

① 국세와 지방세

가장 일반적인 조세 분류가 국세와 지방세의 구분이다. 2022년 현재 국세와 지방세를 모두 합치면 세금의 종류는 총 25개 세목에 달한

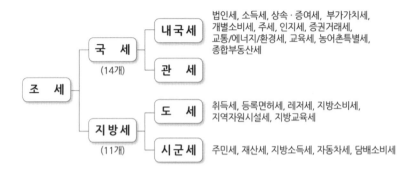

조 세
- 국 세 (14개)
  - 내국세 — 법인세, 소득세, 상속 · 증여세, 부가가치세, 개별소비세, 주세, 인지세, 증권거래세, 교통/에너지/환경세, 교육세, 농어촌특별세, 종합부동산세
  - 관 세
- 지방세 (11개)
  - 도 세 — 취득세, 등록면허세, 레저세, 지방소비세, 지역자원시설세, 지방교육세
  - 시군세 — 주민세, 재산세, 지방소득세, 자동차세, 담배소비세

다. 세목의 많고 적음은 그 나라의 실정에 따라 다르다. 그러나 많다고 좋은 것만은 아니다.

② 직접세와 간접세

직접세는 담세자와 납세자가 동일 하여 조세의 전가(轉嫁)가 안 되는 것 으로, 소득세·법인세·상속세·증여세· 인지세·교육세가 있다. 간접세는 담세 자와 납세자가 동일인이 아니고, 소비

대중에게 전가되는 소위 대중과세로서 부가가치세·특별소비세·증권 거래세·주세(酒稅)·전화세·관세가 있다. 예를 들면 부가가치세는 사업 자가 납부하지만 그 실제 부담하는 자는 물건 또는 용역을 구입하여 사 용하는 소비자가 대금 속에 포함시켜 부담하는 것이다. 이를 조세 전 가(轉嫁)라 한다.

③ 보통세와 목적세

세금의 용도가 정해져 있지 않아 징수된 세액을 합산하여 일반 예산으로 편성한 다음에 집행하는 것을 보통세라 하고, 특정한 용도가 정해져 있는 것을 목적세라 한다. 오늘날에는 보통세가 원칙이다. 예외적으로 교육세·교통/에너지/환경세·지방교육세 등이 대표적인 목적세다. 이론적으로 목적세가 보통세로 통폐합될 경우 조세 집행의 효율성이 높아진다는 것이다.

2) 조세의 역할

오늘날 정부는 돈(예산) 없이 정책을 펴기 어렵다. 그런데 세금을 낸 성실 납세자 보다는 세금은 내지 않으면서 쓰는 데에만 목소리를 높이는 사람도 많다. 이제는 우리도 예산을 뒷받침해 주는 성실한 납세자에게 감사하며 존경하는 성숙한 사회가 되어야 할 때다. 영국 사람은 관공서에 청원서를 제출할 때 "납세자인 나는(I, tax-

숨은 세금

구분	2015년
부담금 징수액	19조
교통범칙금, 과태료, 수수료 등 세외수입	17조
고속도로 통행료	4조
TV수신료	6258억
카지노, 경마, 복권 등 기금수입	3조 4000억
국방의 의무 세금 환산액	10조
기금수입(66조) 중 숨은 세금	?
공기업 수입 중 숨은 세금	?
계	54조

자료: 한국납세자연맹

payer)"로 시작한단다. 성실한 납세자로서의 자긍심이 묻어나는 대목이다.

국가는 국방이나 치안 교육 등의 시설 및 용역을 제공하고, 국민들은 그런 혜택을 바탕으로 각자의 경제 활동을 자유롭게 하게 된다. 이때 국가가 제공하는 공공재의 마련은 그 수요자인 국민들의 세금으로 충당하게 된다.

가) 재정수입의 조달

국민을 위한 여러 가지 활동을 위하여는 많은 재정을 필요로 한다. 재정이 확대되면 경제 규모의 확대와 함께 국가의 활동 역시 확대되며 국가의 활동에 필요한 살림살이도 늘어나게 된다. 이러한 국가 살림살이를 재정(public finance)이라 하는데, 재정수입의 상당 부분을 세금(tax)으로 충당하는 것이다.

물론 재정수입은 '세금' 외에도 철도 통신 항만 전매사업 등의 공공사업을 통해 얻는 '세금외 수입'도 있다.

나) 국가정책 달성을 위한 수단

세금은 재정수입의 조달을 목적하는 외에도 경제정책이나 사회정책과 국가가 달성하고자 하는 여러 가지 형태의 수단으로 이용되기도 한다.

① 소득 재분배의 수단

자본주의 사회는 계층 간의 갈등이 생기며 사회 문제로 대두되기도 한다. 이처럼 국가의 경제 자원이 국민 개개인에게 편향되어 있을 때 소득계층간의 갈등을 유발하고 통합을 가로막는 장애가 될 수 있다. 소득 재분배 정책이라는 것은 국가가 세금징수를 통하여 편중된

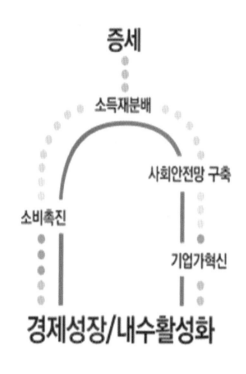

자원을 재 분배함으로써 국가의 정치적 목적을 달성하는 것을 말한다. 오늘날 부자들에게 누진세율로 세금을 많이 징수하고, 이를 사회보장 정책에 투자하는 것도 일종의 소득 재분배라 할 수 있다.

② 경기조절 수단

국가는 막대한 자금력을 가지고 국가 전반적인 경제활동의 방향을 조절하기도 한다. 국가 전체적인 경제가 불황기에 접어들면 정부는 세금 부담을 감소시키고 정부지출을 증대하여 민간의 투자와 소비가 촉진하도록 함으로써 경기를 활성화시키고자 한다. 반대로 국가 전체적인 경제가 호황기일 경우에는 세금 징수를 증가시키고 정부지출을 축

소시켜 경제의 거품 현상이 발생되지 않도록 한다. 즉, 세금은 경기조
절 수단으로 활용된다는 뜻이다

③ 기타 산업 및 사회정책의 수단

　국가는 특정산업 또는 특정 사회 정책으로서 유인하거나 억제를 위
한 수단으로 세금을 이용하기도 한다. 이러한 방법들을 통해 국가의 산
업경쟁력을 높이거나 중소기업을 활성화시키는 정책적 목적을 달성할
수 있게 한다. ●

1.3 수메르 점토와 로제타석(Rosetta石)은 세금 기록

인류는 원시사회 이후로 맹수의 위협이나 외적의 침입을 받고 자신과 가족 및 공동체를 보호하며 조금씩 진보했다. 그러다가 부족을 위해 제사를 지내거나 자신들의 생명의 안전을 위해 전념하는 사람들이 정해지고 이들에게 생계비를 지급했다. 이것이 관습화되면서부터 오늘날의 세금으로 발전하게 되었을 것이다.

1) 수메르 문명과 점토판 기록

세금의 기록은 BC 3천년 경 인류 4대 문명 발상지의 하나인 메소포타미아(Mesopotamia, 강과 강 사이란 뜻) 지방의 수메르문명에서 찾아볼 수 있다. 오늘날 이라크 서남쪽 해변지역이다.

가) 수메르 문명과 쐐기문자

수메르 문명은 지금으로부터 무려 5천여 년 전인 BC 3천년 경 메소포타미아 지역에서 꽃피웠던 문명이다. 수메르인들은 고유의 쐐기문자를 정립하고, 자신들의 이야기를 점토판에 꼼꼼히 기록하였다.

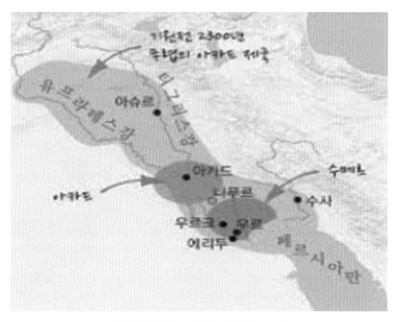

〈페르시아만 근처 이라크의 수메르(Sumer)〉

나) 최초의 세금 기록인 수메르 점토판

수메르 점토판에는 인류 최초의 의학, 법학, 농업은 물론이고 최초의 재판과 사랑의 노래를 찾아볼 수 있다. 수메르(Sumer) 인들은 고유의 쐐기문자를 통해 자신들의 이야기를 점토판에 기록한 것이다.

특히 BC 24세기 경 도시국가인 '라가시(수메르어 LAGAS)'에서는 군대를 관리하고 보급 물자를 모으기 위해서 세금을 거두었다. 그러나 불어나는 세금을 일일이 기억할 수 없게 된 한 부족장이 점토판에 세금을 상징하는 그림으로 기록을 한 것이 발견되었는데, 이것이 세금에 관한 첫 기록이다.

〈수메르 점토판〉

2) 나폴레옹 원정군이 발견한 로제타석

가) 나폴레옹의 이집트 원정

1798년 7월 3일, 이집트 아부키르에 상륙한 프랑스군은 다음날 알렉산드리아를 침공해 손쉽게 알렉산드리아를 점령했다. 이어 나폴레옹은 이집트의 수도인 카이로를 함락시키기 위해 사막으로 행군했다. 이로 인해 더위와 갈증, 식중독으로 사망하거나 낙오된 병사들이 적지 않았다. 드디어 7월 21일에야 카이로 근처 나일강변의 엠바베 마을에 도달했다. 나폴레옹은 엠바베에서 기다리고 있던 맘루크군 수비대를 격파해 이집트 원정에 성공했다.

〈스핑크스 앞에 선 나폴레옹〉

영국과 인도 사이를 차단해 영국을 견제하려는 나폴레옹의 본래 목적은 결과적으로 실패했지만, 이때 동행한 학술 조사단은 이집트 신성문자를 해독해 내는데에 결정적 역할을 한 '로제타 석(石)'을 발견했고, 룩소르의 카르나크 신전과 왕가(王家)의 골짜기 같은 곳에서 처음으로 학술 조사를 하기도 했다.

나) 세금 기록이 담긴 로제타석

기원전 200년 경 그리스인들이 이집트인들을 지배하면서 무거운 세금을 물리자, 이에 이집트 군대가 반란을 일으켰다. 그러자 궁지에 몰린 그리스 왕이 밀린 세금을 면제해 주겠다고 약속하며 이 내용을 돌에 새겨 증표로 남긴 것이 바로 로제타석(Rosetta Stone)이다.

세금이 얼마나 중요하기에 로제타석에 기록할까? 같은 내용을 3개 언어로 돌에 새긴 것도 신기하다. 3개 언어란 고대 이집트어인 신성문자와 민중문자 그리고 고대 그리스어이다. 이 화강암에 쓰여진 그리스어를 기반으로 이집트 상형문자를 해독할 수 있었던 것이다.

1801년 영국이 오스만 제국과 함께 프랑스군을 알렉산드리아에서 물리쳤을 때, 영국이 로제타석을 런던으로 운반한 이후 지금까지 대영박물관에서 전시되고 있다. ●

〈로제타석(Rosetta Stone)〉

1.4 영국 대헌장과 조세법률주의

우리나라 헌법 제38조에 "모든 국민은 법률이 정하는 바에 의하여 납세 의무를 진다"라고 천명하고 있다. 〈법률이 정하는 바〉에 따라 세금을 낸다고 하는 것을 '조세법률주의(租稅法律主義)'라 한다. 오늘날은 조세법률주의를 당연한 상식으로 받아들이고 있으나, 이렇게 정착될 때까진 목숨을 걸고한 투쟁의 결과이다.

1) 존(John) 왕은 누구인가

가) 왕위와 넓은 땅을 물려받은 존 왕

존 왕의 어머니 즉, 헨리 2세의 부인인 '엘레오노르'(1122~1204, Éléonore)는 1137년 그녀의 아버지인 아키텐 공작 윌리엄이 세상을 떠나자 잉글랜드 땅보다 더 넓은 프랑스 영지를 상속받았다. 그리고 같은 해 7월 프랑스의 루이 7세와 결혼하여 딸 둘을 낳았으나 1152년 이혼하였다.

몇 개월 뒤 다시 잉글랜드 헨리 1세의 손자 헨리 2세와 결혼하였다. 원래 헨리 2세는 왕위 서열이 후순위였으나 1154년 왕위에 올라 잉글랜드를 비롯하여 노르망디와 프랑스 서부 등을 통치하게 되었다. 그후 존이 왕위를 물려받자, 잉글랜드는 물론이고 프랑스 땅도 상속받은 것이다.

〈존(John) 왕〉

나) 의리 없는 실지(失地) 왕

존 왕은 잉글랜드 헨리 2세의 막내아들이자, 사자 왕 리처드 1세의 남동생이다. 어머니로부터 상속받은 프랑스 영토를 많이 잃었기에 '실지왕(失地王)'이라고도 한다. 존 왕은 영국의 무능한 왕으로 알려져 있어, 앞으로 존이라는 이름의 영국 왕은 나오지 않을 것 같다.

형 리처드 1세가 아버지께 반란을 일으키자 아버지 헨리 2세로부터 사랑을 많이 받은 존은 당연히 아버지 편을 들었다. 그러나 전황이 리처드 쪽으로 기울자 아버지를 배신하고 형에게 가담하였다.

2) 대헌장의 탄생

가) 과중한 세금에 귀족들이 반기

프랑스 왕 필리프가 영국 자치령 노르망디를 야금야금 빼앗는 바람에 존 왕은 프랑스 땅을 잃었다. 설상가상으로 존 왕은 1205년에 캔터베리 대주교 임명 문제로 교황 인노첸시오 3세와 대립해 1209년에는 파문 선언까지 받았다. 이에 분노한 존 왕이 1209년부터 1211년까지 영국 성직자들의 재산을 몰수하고 교회의 소득도 몰수했다.

〈존 왕이 잃어버린 프랑스 노르망디 지역〉

존 왕은 프랑스 땅을 빼앗긴 것이 억울하여 1214년 잉글랜드 일부 귀족들의 원성에도 불구하고 대대적으로 세금을 거두고, 신성로마제국의 오토 4세와 플랑드르 영주 등을 끌어들여 프랑스령을 다시 침공했다. 그러나 존 왕은 제대로 싸워보지도 못한 채 잉글랜드로 돌아왔다. 이에 귀족들은 존 왕에게 더 이상 세금을 못 내겠다고 반기를 들었다.

나) 대헌장의 서명식을 러니미드(Runnymede) 목장에서

1215년 5월 귀족, 성직자, 백성 모두가 존 왕에게 등을 돌렸고, 믿었던 추기경 랭턴마저 반란자들 편으로 돌아섰다. 이에 존 왕은 눈물을 머금고 1215년 6월 19일, 반란세력이 진치고 있는 스테인즈와 윈저 중간에 있는 템스 강변의 '러니미드 목장'에서 귀족들의 요구사항이 담긴 대헌장에 서명을 하였다. 이를 대헌장 또는 마그나 카르타(Magna

Carta)라 한다.

이후 줄곧 프랑스와의 전쟁으로 세월을 보냈던 존 왕은 전쟁터 막 사에서 사망했다. 마그나 카르타가 쓰인 재료는 송아지 가죽(犢皮紙, vellum)으로, 원본은 대영도서관에 2부가 있는데 세계기록유산으로 등재되어 있다.

다) 대헌장의 내용

우리가 흔히 부르는 '대헌장'(the Great Charter of Freedoms)은 영어식이고, 라틴어로는 '마그나 카르타'(Magna Carta)로 부른다. 이 대헌장에서 "국왕은 정당한 재판권을 거부하거나, 자유민을 합법적인 판결이나 법에 의하지 않고는 체포하거나 재산을 몰수하거나 추방할 수 없다"고 규정하고 있다. 지금부터 약 800여 년 전인 1215년 당시로 선 매우 파격적인 이 문서에 서명을 한 이가 잉글랜드 존(John) 왕이다.

〈1215년 존 왕과 귀족들 사이에 합의한 대헌장(마그나 카르타)〉

대헌장은 평민들의 권익보다는 봉건 영주들의 권익을 보장하는 조항들을 담고 있다. 대헌장 제12조에는 "평의회의 동의 없이는 군역대납금(Scutage)이나 에이드(Aid)를 부과할 수 없다." 라고 규정하고 있다.

라) 조세법률주의의 확립

2021년 가상화폐 차익에 대하여 주무부처에서 과세하려 했으나 실패하였다. 왜일까?

〈가상화폐〉

답은 '조세법률주의'에 위배된다는 것이다. 왜냐하면 2021년도 소득세법에 가상화폐에 대해 과세한다고 명확하게 규정되어 있지 않았기 때문이다. 이러한 규정은 1215년 영국의 마그나 카르타(대헌장)에 뿌리를 두고 있다.

그래서 반드시 과세는 과세요건(납세의무자, 과세물건, 과세표준, 세율)을 명시한 법률을 제정하여야 부과할 수 있고, 그나마도 소급해서 과세하지 못하도록 하고 있다. ●

1.5 사라진 별난 세금들

동서고금을 막론하고 국가 체제를 유지하기 위해서는 재정이 중요하다. 그래서 조세수입을 어디에다 어떻게 부과할 것인지에 대하여 이견이 있기도 하고, 합의가 되었다 하더라도 운영상에 문제가 있거나 현실에 맞지 않으면 폐기하기도 한다.

그런데 중국을 비롯한 우리나라의 세원(稅源)은 오랫동안 조용조(租庸調)에 근거하여 징수했으므로 세목이 신설되고 폐기되는 경우는 많지 않았다. 따라서 별난 세금은 주로 유럽에서 나타나는 현상이다.

1) 독신과 무자녀에 대한 세금

가) 독신자세와 무자녀세

옛날 이집트에서 인구 증가가 필요했던 당시 결혼하지 않는 남녀에게 걷은 세금이 독신자세이다. 러시아의 무자녀세도 인구를 늘리기 위하여 도입한 세금으로 아이를 갖지 않은 부부에게 매긴 세금이다. 이 '무자녀세금'은 근래 루마니아의 독재자 차우셰스쿠에 의하여 부활되기도 했다.

이탈리아 무솔리니는 결혼을 권장하기 위해 '독신세'를 도입했다. 즉, 25세 이상 30세 이하의 총각은 1년에 3파운드 상당, 그 이상의 처녀·총각은 1년에 2파운드의 세금을 납부하도록 했다.

나) 초야세

유럽 봉건시대 영주는 영지(領地) 내의 처녀와 첫날 밤을 보낼 수 있는 권리(초야권)가 있었다. 만약 처녀가 잠자리를 피한다면 대신 막중한 세금을 납부해야 하는데, 첫날 밤에 물리는 세금이라 하여 '초야세(初夜稅)'란 이름이 붙었다.

2) 소금세와 호흡세

가) 소금세

소금세(salt tax)는 프랑스, 영국 등 전쟁 및 사치스런 궁정 생활이 절정기에 달한 절대주의 시대의 왕실재정에 중요한 몫을 차지했다. 중국 당나라 때도 있었고, 1930년 인도에서는 간디를 중심으로 소금세 저항운동을 벌인 적도 있었다.

Salary(급여)가 Salt(소금)에서 유래했듯 소금은 인간의 기본적 생존권이자 재화였다. 소금이 국가의 주요 수입원으로 여겨진 것도 이런 배경에서다. 혈액의 0.85%를 차지하는 소금은 인간을 포함한 모든 생명에게 필수다.

사라진 소금세가 2022년 태국에서 되살아나고 있다. 역사는 반복되는가?

나) 호흡세

베네수엘라는 2014년 7월부터 시몬 볼리바르 국제공항을 출국하는 사람들을 대상으로 '호흡세'를 1인당 약 20달러 부과하고 있다. 이 세금은 공항의 각종 오염물질을 없애고 좋은 공기의 환경을 만드는데 사용된다고 한다.

다) 오줌세

로마의 오줌세(소변세)는 소변으로 세탁을 하던 시대에 섬유업자들이 소변을 구매할 때 낸 세금을 말한다.

3) 수염세와 비겁세

가) 수염세

러시아의 피터 대제(재위; 1682-1725)는 러시아를 유럽과 같은 선진국으로 만들기 위해 긴 수염부터 자르도록 하라고 명했다. 대신들은 긴 수염은 귀족들의 상징이라며 명령 철회를 간청했다. 그러자 대제는 오히려 최고 100 루블의 수염세를 내도록 했다. 그러자 세금 부담 때문에 7년 만에 귀족들의 턱수염이 사라졌다고 한다. 러시아 제2의 도시 상트페테르부르크 건설은 그의 대표적인 역작이다.

〈수염세 도입 이전의
러시아 귀족〉

나) 비겁세

영국의 비겁세는 전쟁에 참여할 의무가 있는 왕의 기사 등이 전쟁에 참여하지 않기 때문에 내는 세금이다.

4) 재산 관련세

유럽의 아름답고 독특한 건축물을 볼 때마다 세금에 대한 스토리가 연상된다.

가) 프랑스 창문세

유럽의 고풍스런 건물을 구경하다 보면 건물은 큰데 창문이 유난히 작은 경우를 흔히 볼 수 있다. 그 이유는 '창문세' 라는 세금에 있다. 창문세를 처음 도입한 이는 프랑스 필립 4세이다. 그는 1303년에 창문세를 신설하여 징수하다가 반발 때문에 중단했다. 그 후 14세기 중후반에

〈창문세 신설로 건축의 변화〉

백년전쟁으로 돈이 필요해진 왕은 다시 창문세를 부활하여 시행했다.

특히 프랑스에서는 창문의 가로 크기를 기준으로 세금을 매겼다. 이 때문에 영국에서는 창문이 없는 집, 프랑스에서는 세로로 긴 창문 건물 등 새로운 건축문화가 생겨났다고 한다. 프랑스는 1925년이 되어서야 창문세를 폐지했다.

나) 영국 창문세

영국에서 부유한 근거는 벽난로 개수였다. 그런데 이를 파악하려고 집 내부로 들어가 확인을 하기가 쉽지 않았다. 18세기 영국의 초대 총리 월폴(재임 기간 1721~1742)은 벽난로세를 없애고, 창문세를 신설했다. 집 안의 난로보다 창문은 집 밖에서도 쉽게 파악할 수 있었기 때문이다. 이 바람에 부자들은 창문을 널빤지로 가리거나 아예 벽돌로 막아버렸다고 한다. 영국에서 창문세가 사라진 시기는 1851년이다.

다) 기타

네덜란드에서 부유한 기준을 커튼의 길이나 계단 수 또는 건물 폭을 기준으로 세금을 매기는가 하면, 중국의 경우 '작서모세(雀鼠耗稅)' 라는 것이 있었다. 쥐와 새가 나라의 창고에 있는 곡식을 갉아먹은 손실에 대한 부분을 백성들에게 부과하는 세금이다.

5) 소득세와 비만세

가) 미국의 소득세

미국에서는 남북전쟁 기간 중에 북부와 남부 모두 전비 조달을 위해 전쟁이 끝날 때까지 10% 정도의 소득세를 국민이 납부했다.

나) 미국의 탄산 음료세

미국의 탄산 음료세는 비만 때문에 설탕이 많이 들어가는 음료에 매기는 세금이다. 이는 뚱뚱한 사람 개별적으로 세금을 책정하는 것이 아니고 설탕이 첨가되어 있는 청량음료나 햄버거, 피자 등 비만유발 음식들에 대해 세금을 부과한 것이다. 이제 사람들의 건강을 위협하는 비만율을 낮추기 위해 세금까지 동원하는 상황이다.

6) 동물 관련세

가) 독일의 반려동물세

이는 독일과 스위스에서 동물들의 권리를 보장하기 위하여 반려동물을 키우는 사람들에게 매년 거두는 세금이다. 우리 나라에서도 최근 반려견을 키우는 인구가 천만 명을 넘었다고 할 정도로, 강아지 사랑은 만국 공통이다.

나) 에스토니아의 소 방귀세

이는 소가 내뿜는 방귀의 온실가스로 인해 발생하는 환경 문제를 해결하기 위하여 매긴 세금이다.

7) 납세와 투표권 차등

프로이센에서는 공직선거나 투표에서 최고액 납세자에게 최대 3표, 중산계급의 시민들에게는 2표, 소득이 없는 자에게는 1표를 주었다. 즉 국가재정에 기여한 바가 클수록 참여할 권리를 더 준 것이다.

8) 기타 별난 세금들

이 밖에도 아궁이세, 인두세, 방패세, 노예세 등 생소하고 기발한 세금이 오래전에 있었다고 한다. 영국의 경우 이색적인 세금이 많기로 유명한데, 트럼프세는 트럼프 카드를 만드는 제조업자들이 내는 세금이고, 모자세는 부자들이 모자를 많이 쓰고 있다는 점을 착안하여 모자와 머리에 쓰는 물건을 구매할 때 들어간 세금이다. 양초세는 양초를 만드는 제조업체들이 부담하는 세금이다.

그리고 지금 이 순간에도 세계 각국은 그 나라에 맞는 세목을 신설하려 애쓰고 있다. 하지만 세목(稅目)은 변해도 세금(稅金)은 결코 사라지지 않을 것이다. ●

2부

역사의 흐름을 바꾼 조세

2.1 솔로몬왕의 과중한 세금과 남북 분단

1) 우화(寓話) 이야기

가) 벌거벗은 임금 우화

우리는 '벌거벗은 임금'이라고 하는 이솝 우화를 잘 알고 있다. 옛날 어느 나라에 욕심 많은 임금이 있었다. 하루는 거짓말쟁이 재봉사가 임금을 찾아와 세상에서 가장 멋진 옷을 만들어 주겠다고 제안하며, 이 옷은 어리석은 사람에게는 보이지 않는 특별한 옷이라고 이야기한다. 신하들은 아무리 보아도 작업 과정이 전혀 보이지 않았지만, 어리석음이

탄로 날까 봐 모두 멋진 옷이 만들어지고 있다고 거짓말을 하였다. 시간이 지나고 재봉사는 임금에게 옷이 완성되었다며 입어볼 것을 권하였고, 임금 역시 옷이 전혀 보이지 않았지만 어리석음을 숨기기 위해 옷이 보이는 척한다. 급기야 임금은 어리석은 사람에게는 보이지 않는다는 새 옷을 입고 거리행진을 했고, 그 모습을 본 한 아이가 "임금님이 벌거벗었다!"라고 소리치자, 그제야 사람들이 모두 속은 것을 알아차리게 된다.

나) 솔로몬 왕은 현명한가?

솔로몬 왕이 현명한 왕의 대명사로 알려진 것은 한 아이를 두고 서로 자기 아이라고 주장하는 두 여인 앞에서 가짜 엄마와 진짜 엄마를 지혜롭게 가려내는(성경 열왕기 上 3장 24~25절) 재판을 대표적으로 들고 있다. 두 엄마가 각자 자기 아들이라고 하니 솔로몬이 칼로 아이를 둘로 베어 나눠주라고 명령한다. 진짜 엄마는 아이를 죽이지 말고 가짜 엄마에게 주라고 하는 데 반해, 가짜 엄마는 아이가 죽어도 좋으니 반 토막으로 잘라서라도 달라고 한다. 이에 솔로몬 왕은 아이를 반 토막으로 잘라서라도 달라고 하는 것은 진짜 엄마로서 있을 수 없는 행위라고 생각하여 아이를 죽이지 말라고 하는 엄마가 진짜 엄마라고 판단을 내린다는 것이다.

만약 진짜 엄마와 가짜 엄마가 서로 달리 주장하지 않고, 둘 다 아이를 살려달라고 한다든가 아니면 아무런 주장을 하지 않는다면 솔로몬 왕의 판결대로 아이는 두 토막으로 잘려 죽게 될 수도 있었다. 그런 판

〈솔로몬의 재판〉

결이 어떻게 현명하다 할 수 있는가? 솔로몬 왕이 현명하다고 하는 것
도 벌거벗은 임금처럼 우리가 속고 있는 것은 아닐까?

2) 과중한 세금으로 분단된 이스라엘

가) 과중한 세금과 백성들의 고통

솔로몬 왕은 아버지 다윗 왕을 이어 받았다. 다윗 왕은 직접 전투복
을 입고 수많은 전쟁을 한 결과 이스라엘을 단단한 반석 위에 올려놓았
지만, 행운아 솔로몬 왕은 아버지가 물려준 영토에서 전쟁 한 번 치르
지 않고 화려한 생활을 하였을 뿐이다.

더구나 솔로몬의 화려함과 영광 뒤에는 백성들의 고통과 과중한 세
금이 숨어 있었고, 그것은 이스라엘의 분열을 가져왔다. 분열은 다시

이스라엘을 멸
망케   했으며,
그 후 유대민족
은 1948년 5월
이스라엘이 건
국될 때까지 2
천 년이 넘게 세
계 각지로 흩어
져 차별과 멸시

〈이스라엘의 북이스라엘과 남유다의 분열〉

그리고 때로는 생명의 위협 속에 '디아스포라(Diaspora)'의 신세를 벗
어날 수 없었다.

그 엄청난 비극을 솔로몬 왕이 원인 제공한 것이다. 솔로몬 왕은 궁
전을 짓기 전에 먼저 아름다운 성전부터 건축하여 예루살렘을 이스라
엘의 종교 중심지로 삼았다. 그런 다음에 왕궁을 신축했다. 그러나 이
러한 치적 뒤에는 백성의 부역과 과중한 세금이 깔려 있었다. 이스라엘
백성들은 7년간 성전 건축에 동원되었고, 또 13년 동안 왕궁을 건설하
는 노역에 시달려야 했다.

나) 아들 왕 때 이스라엘 분열과 멸망

솔로몬의 뒤를 이어 아들 르호보암이 왕이 된다. 그러자 솔로몬의
옛신하들은 세금을 적게 해주기를 간청하지만, 새로운 왕은 강경파에
휘둘려 아버지보다도 더 무거운 세금 부담을 내게 하였다. 결과는 BC

930년 남 유다와 북 이스라엘로 분열되어 이스라엘은 두 동강 난 셈이다.

두 동강이 난 이스라엘은 힘이 약해, 북 이스라엘은 BC 722년 앗시리아에 의해, 남 유다는 BC 586년 바빌로니아 왕국에 의해 멸망한다. 바빌로니아 왕국은 남 유다 사람들을 끌고 가서 노예로 삼았다.

3) 갈등의 중심, 팔레스타인

395년 로마 제국이 동·서로 나뉘면서 팔레스타인 지역은 동로마 제국의 기독교 지역이 되어 예루살렘, 베들레헴, 갈릴리 등에 많은 교회와 수도원을 세웠다.

〈유일신 3대종교의 성지 예루살렘〉

그러나 AD 7세기경에는 이슬람 세력이 이 지역을 점령하였고, 그 뒤로 약 4백 년 동안 아랍 왕조의 지배가 이어졌다. 자연히 예루살렘은 메카와 메디나에 버금가는 이슬람교의 성지가 되도록 했다.

그 바람에 이스라엘은 기독교와 이슬람교의 끊임없는 갈등과 전쟁을 일으키고 있다. 알고 보면 그 갈등의 근원은 현명하다고 하는 솔로몬 왕의 가혹한 세금과 노역으로 인한 것이다. ●

2.2 면죄부(면벌부) 판매와 종교개혁

준조세(準租稅)란 조세는 아니나 부담금, 기부금 및 성금 등의 이름으로 자발적인 지출이 아닌 부담을 통칭하는 개념이다. 중세 유럽의 면죄부 판매도 당시의 교황이 갖는 영향력을 고려하면 준조세의 성격이 크다.

1) 동서 기독교의 분리

동방 기독교는 정교회(正敎會, Orthodox Church)라 하여 정통성 있는 교회란 뜻이고, 이에 비하여 서방 교회는 가톨릭(Catholic) 또는 천주교(天主敎)라 한다. 중심이 되는 곳이 로마 교구이기 때문에, '로마 가톨릭 교회'라고 불리기도 한다.

313년 콘스탄티누스 1세가 밀라노 칙령을 발표하여 기독교에 대한 박해를 중지하고, 330년 수도를 비잔티움으로 옮기면서 도시 이름을 콘스탄티노폴리스로 개칭하였다.

반세기가 흐른 380년 2월에 테오도시우스 1세는 기독교를 로마 제국의 국교로 선포하였다. 로마 제국 말기에 서방 로마교회와 동방 콘스탄티노폴리스 교회는 점차 분열의 조짐을 보이다가, 기어이 1054년 서로를 상호 파문함으로써 분리되었다.

나) 동로마제국의 멸망

14세기에 들어서 오스만 제국은 소피아성당이 있는 동로마제국의 심장부만 남기고 발칸반도 대부분을 점령했다. 이에 동로마 제국은 로마 가톨릭과 서부 유럽 국가에 도움을 요청하였으나 거절당하였다. 결국 1453년 5월 29일 콘스탄티노폴리스는 오스만 제국에 의해 함락되었고, 술탄 메흐메트 2세는 이스탄불로 개명하면서 제국의 새로운 수도로 삼았다.

그 후 십자군 전쟁이 실패로

〈동로마제국의 멸망〉

돌아가자 서로마 교황의 권위 역시 실추되기 시작하였다. 특히 로마와 아비뇽 양 쪽에서 각각 교황이 존재하는 등 서방 교회의 분열이 1418년까지 계속되었다.

2) 면죄부의 등장

면죄부(免罪符, indulgence)는 중세시대 로마가톨릭에서 금전이나 재물을 바친 사람에게 죄가 사면되었음을 교황의 이름으로 발행한 증명서를 가리킨다. 증명서는 '면죄부', '면벌부', '속죄부'라고도 불렸다.

가) 십자군 전쟁 때 최초 등장

면죄부라는 제도가 생긴 건 11세기 십자군 전쟁 때였다. 교황 우르바노 2세(Urbanus II)는 기독교 성지 탈환을 목적으로 십자군 전쟁을 일으켰다. 우르바노 2세는 교황의 권한으로 전쟁에 직접 참전하지 않고, 전쟁에 필요한 기부금을 낸 사람들에게도 동일하게 죄의 벌을 면제해 주겠다고 선언했다.

〈종교개혁의 뇌관, 면죄부 판매〉

이에 돈이 있는 사람들, 귀족들이 돈을 내기 시작했다. 최초로 교황의 면죄부와 돈이 결합하기 시작한 것이다.

그는 십자군 참전을 독려하기 위해, "십자군에 참여하여 전사하거나 살아서 돌아오는 이들에게 죄의 벌을 면제해 주겠다"고 공표했다. 또한 "전쟁에서 죽는 사람은 영생의 보상을 얻게 될 것이다." 라고 설득했다. 교황 칼릭투스(Calixtus)는 연옥(煉獄)에 있는 영혼들도 면죄부에 의해 구원이 가능하다고 선언함으로써 면죄부 판매를 부채질했다.

나) 성 베드로 대성당의 건축기금을 위한 면죄부

1500년대였다. 교황 율리우스 2세(Julius II)는 즉위하자마자 '성 베드로 대성당'의 교회 건축을 지시했다. 그리고 각처에 있는 예술가들을 로마로 불러들여 바티칸 성당 내부를 화려하게 꾸몄다. 엄청난 건축 자금이 필요했다. 이때 율리우스 2세가 1506년에 희년 면죄부를 선포했고, 면죄부 판매로 얻은 수익을 성당 건축 기금에 사용했다. 면죄부 판매는 교황청의 주요 수입원이었다.

율리우스 2세의 후임인 교황 레오 10세(Leo. X)는 성 베드로 대성당을 리모델링할 막대한 자금조달을 위해 도미니크 수도회의 '요한 테첼'(Johann Tetzel) 신부에게 면죄부 판매를 의뢰했다. 교황의 특명을 받은 테첼은 지옥 불에 고통 받는 사람들을 그린 그림을 펼쳐놓고, 다음과 같은 설교를 하며 면죄부를 팔았다..

"여러분! 사랑하는 죽은 친척들과 친구들이 여러분을 향해 애원하며 부르짖는 소리에 귀를 기울이세요. 무서운 고통 중에 빠져 있는 그들을 적은 돈으로 건져낼 수 있지 않소! 아버지가 아들에게, 어머니가 딸에게 애원하며 부르짖는 소리에 귀를 기울이십시오. 동전이 궤 속에 떨어지는 소리와 함께 그들의 영혼이 연옥에서부터 벗어나게 됩니다. 여러분들은 저들의 영혼을 낙원으로 인도하기를 원치 않으십니까?"

당시 라틴어로 쓰여진 성경을 가질 수도 없고, 읽을 수도 없는 신자들은 교회 지도자의 말을 전적으로 의지하고 믿을 수밖에 없었다. 테첼의 설교를 들은 가톨릭 신자들은 앞 다투어 돈을 주고 면죄부를 구입했다. 면죄부의 가격은 신분에 따라 차이가 있었다.

한편 테첼은 영혼구원을 담보로 얻은 수익금의 반은 성 베드로 대성당의 재건에 사용했고, 반은 고위 신부들과 함께 일정 몫을 취했다고 한다. 돈을 긁어모으는 면죄부는 이익 수단이 되어 버렸다.

3) 면죄부 판매와 종교 개혁

가) 루터 이전의 종교 개혁가

르네상스 시기에 교황청은 사실상 독자적인 영토를 지닌 세속국가이면서 동시에 다른 군주들의 비판을 허용하지 않는 무소불위의 권위였다. 게다가 실제 교회의 운영은 성직의 매매가 공공연히 이루어지고, 교황이 자신의 사생아를 조카라 부르는 등 부패가 만연하였다.

이에 존 위클리프는 성서의 참 뜻을 대중이 알아야 한다고 여겨 라틴어 성서를 영어로 번역하였다. 그 후 로마 교황청의 부패를 탄핵하기 시작하였다. 교황청으로부터 이단이라는 비난을 받았으나, 그의 말은 개혁의 싹을 심었다. 체코의 얀 후스(Jan Hus, 1372년? ~ 1415년 7월 6일)에게도 영향을 끼쳤다. 얀 후스는 미사 집전 시 체코인들은 라틴어를 이해 못하니 라틴어와 함께 체코어도 사용할 수 있도록 요청했다는 죄로 1415년 화형에 처해졌다.

나) 1517년 루터의 종교개혁

마르틴 루터는 로마 가톨릭의 아우구스티누스 수도회 소속 신부였다. 평소 그는 오직 성경과 믿음만이 구원을 줄 수 있다고 믿었다. 교황 레오 10세는 성 베드로 대성전의 건축 기금을 마련하기 위해 탁발 수사들을 유럽 전역에 보냈는데, 이들은 기금의 대가로 면죄부를 발부하였다. 사실상 준조세였던 건축 기금에 대해 유럽의 군주들은 불쾌해 하고 있었고, 국왕의 통치력이 강하던 잉글랜드와 프랑스에서는 면죄부 발부가 불가능하였기 때문에, 탁발 수사들의 활동은 주로 독일 지역에서 이루어지고 있었다. 다만, 독일 작센 공국의 프리드리히는 자국에서 면죄부 판매를 금지시켰다.

그래도 면죄부가 판매되자 보다 못한 독일의 마르틴 루터(Martin Luther) 신부가 1517년 10월 31일, 비텐베르크성교회 정문에 면죄부와 연옥에 대한 반박문을 골자로 한 '95개조 의견서'를 내걸고 공개 토론을 요구했다. 성경에는 "오직 하나님만이 죄를 사할 수 있다 (마가복음 2:1~12). 죄 사함과 구원의 은혜는 오직 그리스도의 보혈에 참여함으로써 이루어진다.(에베소서 1:7, 마태복음 26:28). 죄 사함은 돈을 주고 사는 것이 아니다.” 라고 되어 있음을 상기시켰다.

이에 1521년 1월 레오 10세는 루터를 공식적으로 파문하였다. 파문을 당한 마르틴 루

〈마르틴 루터〉

터는 목숨의 위협을 받았지만, 교황청에 불만이 가득했던 독일 작센 선제후인 프리드리히(Friedrich)의 적극적인 보호로 바르트부르크성(Wartburg Castle)에 안전하게 머물도록 조치하였다. 이곳에서 루터는 1521년부터 2년 동안 저술에 정진하여 성직자들만 읽을 수 있었던 라틴어 또는 그리스어 『신약성서』를 일반신도들이 읽을 수 있도록 독일어로 번역하여 발간하였다 신도들이 성서를 통하여 기독교의 가르침을 이해하면, 성직자를 통하지 않고서도 신에 다가갈 수 있다는 믿음을 갖게 하였다.

더불어 구텐베르크가 개발한 금속활자로 성경책을 저가로 대량 보급하는 계기를 마련하였다. 새로운 인쇄술은 ‘종교개혁’의 기폭제가 되었다. 루터 사후에 루터의 가르침을 따르는 ‘루터교 ’라는 새로운 프로테스탄티즘이 탄생하였다.

4) 개신교의 등장

종교개혁의 원인을 한마디로 요약하기는 어렵다. 특정한 개인이나 계기가 그 원인이라고 보기 어렵고, 다양하고 복잡한 요인들이 맞물려서 일어난 결과이기 때문이다. 표면적으로는 면죄부, 성유물 판매 등 가톨릭교회의 부패상에 대해 마르틴 루터가 비판한 것이 종교개혁의 시발점으로 보인다. 종교 개혁의 결과로 로마 가톨릭에서 분리된 교회들을 통틀어 개신교라고 부른다.

그 이후 많은 종교개혁가와 개신교 종파가 설립되어 오늘에 이르고 있다. 대표적인 인물로는 프랑스 피카르디 출신의 신학자이자 라틴어 교사였던 〈장 칼뱅〉을 들수 있다.

칼뱅주의의 영향을 받은 교파로는 위그노, 청교도, 장로교 등이 있다. 또 영국 헨리 8세는 수장령을 반포하여 "잉글랜드 국왕만이 잉글랜드 교회의 유일한 우두머리"라고 선포하여 성공회를 창립했다. 유아세례를 인정하지 않으며 완전한 성인이 침례를 통해서만 그리스도를 받아들일 수 있다고 믿는 침례교도 생겨났다.●

2.3 보스톤 티파티(Tea Party)와 미국의 독립

미국의 중동부를 흐르는 오하이오강 주변의 인디언 영토를 둘러싸고 영국과 프랑스 간 식민지 쟁탈전이 10년(1754년~1763년)간 지속되었다. 그러나 영국에서는 이 전쟁을 '프렌치-인디언 전쟁'이라고 부른다. 이 전쟁의 결과 영국이 승리하였다. 프랑스는 미시시피강 서쪽의 루이지애나를 스페인에 할양했고, 스페인은 영국에 플로리다를 할양했다. 대신 스페인은 쿠바의 아바나를 손에 넣었다.

1) '프렌치 인디언 전쟁' 비용의 회수를 위한 세금 부과

그런데 불과 13년 뒤인 1776년에 식민지 미국이 왜 독립을 선언해야 했을까? 혹시 식민지 미국 사람들의 '자유에의 열망' 때문일까? 식민지 지식인들 중 일부는 그런 생각을 할 수 있었겠지만, 열쇠는 세금이 문제였다.

〈프렌치-인디언 전쟁〉

가) 대표 없이 과세한 세금부과에 항의

전쟁 이후 영국은 식민지에 대해 각종 세금을 부과했다. 즉, 프렌치·인디언 전쟁으로 막대한 전비를 지출한 영국은 이를 보충하기 위해 식민지에 각종 법들을 제정하여 많은 세금을 부과하기 시작했다.

이에 식민지인들은 자신들의 동의 없이 이 법들이 만들어졌다는 이유로 이의 철폐를 요구했다. 특히 그동안 영국의 보호를 받으며 부를 쌓아올린 식민지의 소수 거부들은 명예혁명 이후 영국의 확고한 원칙으로 자리 잡은 '대표 없이 과세 없다'는 주장을 하며 저항하기 시작했다. 또한 영국 상품들에 대한 대규모 불매운동도 전개했다.

나) 보스톤 대학살 사건과 식민지 유화정책

일부 과격주의자들은 '자유의 아들들'이라는 비밀결사를 조직하여 영국 세무공무원들을 테러하기도 했다. 식민지의 거센 반발에 영국은 부득이 인지세법을 철폐했지만, 반영(反英) 분위기는 되돌릴 수 없었다. 반영 분위기가 강했던 보스턴에서 결국 충돌하였다. 영국은 만약의 사태에 대비하여 보스턴에 4천 명의 병력을 주둔시켜 왔는데 1770년 3월 사소한 이유로 충돌이 벌어져 노예 1명을 포함하여 5명의 시민이 죽었다. '자유의 아들들'은 이 사건을 '보스턴 대학살'이라고 주장하며, 장례식에 보스턴 주민 1만 6천 명 가운데 1만 명 이상이 참석한 대규모 시위를 벌였다. 이에 영국이 군대를 철수시키고 식민지에 유화적인 태도를 취했다. 그 후 별다른 일 없이 몇 년이 지나갔다.

2) 보스턴 차 사건(Tea Party)

드디어 1773년 이른바 '보스턴 차 사건(Tea Party)'이 발생했다. 1767년에 제정된 타운센트법은 식민지로 들어오는 인도산 차에 관세를 부과했는데, 이에 따라 식민지에서는 찻값이 상승하고 차의 밀무역이 성행하여 밀수업자들이 큰돈을 벌기도 했다.

가) 동인도회사에 미국 식민지 차 수출 독점권 부여

문제의 발단은 영국이 1773년 영국 동인도회사에 식민지로의 모든 차 수출에 대한 독점권을 부여하고 수출관세를 면제해 준 데 있었다. 이렇게 되면 동인도회사의 차가 밀수품보다도 가격이 낮아져서 식민지 차 시장을 사실상 독점하게 될 것이고, 지금까지 차 무역으로 돈을

〈보스턴 티파티〉

벌던 미국 상인들은 파산하게 될 것이 뻔했다. 한 회사가 차 무역을 독점하게 되면 당장은 값이 내릴지 몰라도 결국은 회사가 자신의 독점적 지위를 이용하여 값을 터무니없이 올려 받게 될 것이다.

이런 이유로 식민지에서는 반영 여론이 비등하고 영국산 차에 대한 대대적인 불매운동이 벌어졌다. 차를 싣고 필라델피아와 뉴욕에 도착한 동인도회사 배들은 짐도 풀지 못하고 항구를 떠나야만 했다.

나) 보스톤 차 사건(Tea Party, 차 잔치)

1773년 12월 16일, 모호크 원주민으로 분장한 일단의 '자유의 아들들'이 항구에 정박 중이던 세 척의 동인도회사 소속 배에 올라가 배에 쌓여 있던 342개의 차(tea) 상자를 바다에 던지며 '잔치'를 벌였다. 항구에 늘어선 주민들은 박수를 치며 환호했다. 일종의 파티가 된 셈이다. 이것이 유명한 '보스턴 차 사건'이다. 이를 영어로 Tea Accident

또는 Tea Event 라 하지 않고 Tea Party라 한다.

다) 영국 정부의 강경 대응과 부작용

영국 의회는 바다에 버려진 찻값을 매사추세츠 식민지가 배상할 때까지 보스턴 항구를 폐쇄하고, 사건 주모자들을 영국으로 압송하여 재판하겠다는 일련의 '강제법'을 통과시켰다. 곧이어 영국군 4개 연대가 보스턴에 도착했고, 의회는 이듬해 캐나다 이남으로부터 오하이오, 미시시피 강에 이르는 지역을 퀘벡 식민지에 병합한다는 이른바 '퀘벡법'을 통과시켰다. 이것은 식민지인들의 서부 진출을 사실상 봉쇄한 것이다.

또 다른 원인으로는 '프렌치 인디언 전쟁'에서 영국을 지원한 미국인들은 비옥한 중서부지역으로의 진출을 기대하였지만 영국정부는 이 지역을 '인디언 보호구역'으로 설정하여 진출을 저지했다.

이 과정에서 식민지 주민과 인디언들의 분쟁이 자주 발생하였다. 이에 대해 영국은 식민지를 보호한다는 명분으로 어쩔 수 없이 군대를 파견했고, 재정적 비용에 부담을 느껴 〈병영법〉을 제정하고, 영국 군대 비용의 일부를 미국 식민지 주민이 부담하게 하여 많은 반발을 불러왔다.

3) 미국 독립 전쟁의 승리

가) 자유가 아니면 죽음을 달라

1774년 〈제1차 대륙회의〉의 폐회 연설에서 패트릭 헨리는 "자유가 아니면 죽음을 달라!"는 유명한 말을 남겼다. 하여튼, 이를 계기로 미국은 민병대를 조직하여 훈련시키고 군수물자를 비축하기 시작했다. 1775년 제2차 대륙 회의에서 벤자민 프랭클린, 존 애덤스, 로저 셔먼, 로버트 리빙스턴, 토머스 제퍼슨의 5명이 〈미국 독립선언서〉의 기초 작업을 수행했다. 그리고 조지 워싱턴 장군을 총사령관으로 임명하면서, 이때부터 미국 독립전쟁이 시작되었다. 처음에는 프로와 아마츄어의 싸움과 같았다. 미국 식민지군은 패배의 연속이었다.

나) 미국의 독립선언서

그 와중에 1776년 7월 4일 당시 영국의 식민지 상태에 있던 13개의 주가 서로 모여 필라델피아 인디펜던스 홀에서 독립선언(美國獨立

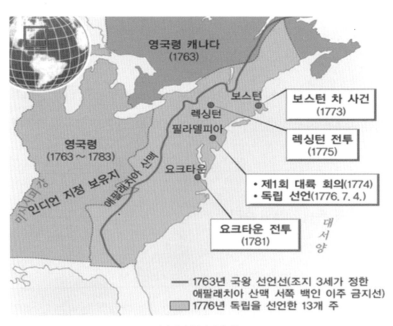

〈미국의 독립전쟁터〉

宣言, United States Declaration of Independence)을 했다. 미국이 탄생되는 순간이다. 여기에서 독립전쟁 직후 제정된 미국헌법은 부자들의 재산권 보호를 위해 만들어진 것이지, 자유, 평등 따위의 고상한 이념들은 부수적이었다.

〈미국 초대 대통령, 조지 워싱턴 장군〉

이후 스페인과 프랑스의 참전으로 전쟁발발 7년만인 1781년 '요크타운 전투'에서 프랑스와 독립군 연합부대가 영국군의 주력부대를 격파하게 된다. 결국, 1783년 파리 조약에서 영국 정부는 미국의 독립을 공식적으로 인정했다.

4) 세계 최초의 대통령국가 미국의 탄생

미국의 독립을 공인 받은 지 6년이 지나서야 독립전쟁의 총사령관이었던 조지 워싱턴 장군을 초대 대통령으로 만장일치로 추대하였다. 당시의 전형적인 전쟁들처럼, 질병으로 죽은 사람이 전사자보다 많았다.

독립 전쟁은 객관적으로 패할 수밖에 없는 구조이었지만, 적기에 프랑스 등 다른 나라의 도움까지 받아 '독립'이라는 선물을 받은 미국은 세계 최초의 대통령국가로 탄생한 것이다. 세금이 역사의 흐름을 바꾼 대표적인 사례이다. ●

2.4 프랑스 대혁명과 과중한 세금

프랑스 대혁명(French Revolu-
tion)은 18세기 후반 프랑스 시민
들이 구체제 (앙시엠레짐)와 5년
(1789년 7월~1794년 7월)간 투쟁
하여 승리한 사건이다. 이후 유럽 여
러 나라에 '영향을 크게 끼친 시민혁
명'으로, 특별히 '프랑스 대혁명'이
라 부른다. 혁명 당시 계몽사상가인
몽테스키외, 볼테르, 루소 등의 영향

〈몽테스키외〉

도 컸다. 대혁명의 원인으로 자유 평등 박애의 고상한 가치도 저변에
있긴 하였지만, 직접적인 원인은 절대왕정의 폭압과 과중한 세금에 불
만이 컷기 때문이다.

1) 절대 왕정의 폭압

가) 태양왕 루이 14세

태양왕 루이 14세(재위 1643~1715)는 72년간 통치하면서 국가와 인민 위에 군림했다. 소수의 귀족과 성직자들을 제외하고 모든 국민은 일개 신하에 불과했다. 루이 14세는 파리 남서쪽에 바로크양식의 베르사이유 궁전을 건설하느라 많은 재정을 투

〈태양왕 루이 14세〉

입했다. 1680년에 전체 길이가 680m에 이르는 대궁전을 완성했다.

〈베르사이유 궁전〉

나) 루이 15세

루이 14세의 증손자인 루이 15세(재위기간 1715~1774) 도 59 년간 통치하면서 사치와 영국과의 7년 전쟁 및 미국 독립전쟁의 지원으로 국가채무가 누적되었다. 이러한 국가채무는 한해 예산의 43%를 이자로 납부해야 할 때도 있었다. 선대 왕의 채무는 고스란히 루이 16세의 부담으로 넘겨졌다.

다) 상투 잡은 루이 16세

주식 시장에서 최고의 시세 때 매입하는 것을 상투 잡는다고 한다. 손해 볼 날만 기다리는 꼴이다. 사실 루이 16세는 왕비 마리 앙뜨와네뜨와는 달리 사치와는 거리가 있었다. 그리고 백성과도 소통하려 노력하였다. 그런 노력에도 불구하고 선대 왕들의 압제와 사치스러운 생활이라는 선입견과 왕비의 사치에 묻혀 루이16세는 제대로 평가받지 못했다.

〈마리 앙뜨와네뜨와 루이16세〉

〈민중을 이끄는 자유의 여신〉

2) 프랑스 대혁명 발발

가) 3부회의 분열과 혁명 발발

루이16세는 현안 문제인 재정 적자를 의논하고자 1789년 5월 '성직자, 귀족, 평민'으로 3부 회를 소집했으나 하루 만에 교착 상태에 빠졌다. 봉건사회에서 왕실 재정운영은 왕의 직영지 수입으로 지출하는 것이 원칙이나, 전쟁비용 등에 대해서는 추가적인 부담을 요구할 수 있다해서 특권신분에게도 과세하는 '임시 지세(臨時 地稅)'를 제안하였으나, 귀족과 성직자들은 반대하였다.

루이 16세는 평민(제3 계층)의 뜻과 같이하는 성직자들과 함께 국민의회의 구성을 인정하고, 조금씩 개혁도 하며 안정을 취하고 있었다. 그러나 안타깝게도 국민의회를 군대로 진압할 거라는 소문에 흥분한 시민들은 7월 14일 바스티유 감옥을 습격하였다. 프랑스 대혁명이 발발한 것이다.

나) 바스티유 감옥 습격

1789년에 일어난 프랑스 대혁명은 흔히 파리 시민의 바스티유 감옥 습격으로 상징된다. 프랑스 대혁명이 성공을 거둔 직후에는 감옥 습격에 참가한 사람 가운데 863명이 선발되어 '바스티유 공격자'라는 영웅적인 칭호를 얻고 연금을 지급받기도 했다.

〈바스티유 감옥 습격〉

3) 대혁명과 세금

가) 세금에 대한 위정자의 오해

왕과 소수의 특권층들이 우아한 삶을 영위하는 것은 국민의 90%를 차지하고 있는 평민층의 고된 근로와 세금의 뒷받침이 있었기 때문이다. 그런데도 권력자들은 언제나 세금을 많이 걷어 쓰려는 유혹에 빠진다. 심지어 창문 수와 화로 수에 따라 세금을 걷기도 했고, 건물 너비에 따라 세금을 물리기도 했다.

세금은 우리의 삶에 직접적인 영향을 미치는 제도인 만큼 어떤 세금 정책을 어떻게 집행하느냐는 민생 안정뿐만 아니라 국가의 존폐를 결정할 정도로 중요한 문제다. 때로는 정치적 폭발성을 지니기도 한다.

〈세금중에서도 가장 가혹한 소금세〉

나) 평민에 과중한 세금과 소금세

귀족과 성직자에 비하여 평민들은 십일조와 함께 5%의 수득세(收得稅), 가족 수에 따른 인두세를 부담했다. 또한 부역, 현물부담, 용지에 대한 현금 지대, 정미소, 포도즙 추출기, 제빵소 이용료 등을 부담했다.

세금 중에서도 가장 가혹한 세금은 소금세(鹽稅)였다. 정부는 7세 이상은 일 년에 일정량 이상의 소금을 사도록 강요했고, 정부의 소금은 시세의 10배를 받았다. 염세 때문에 항의하자 매년 3만명 이상이 투옥되고 500명 이상이 처형됐다. 염세 징수는 개인이나 회사에 청부를 주어 징수하였기에, 청부업자의 횡포가 심하였다.

4) 대혁명과 개혁

한 번 터진 물꼬는 거세기가 이루 말할 수 없다. 성직자들이 징수하는 십일조를 폐지하고 전국토의 10% 정도에 이르는 성당 보유 토지를 국유화하였다. 수도회를 해산하고 수도사와 수녀들에게 환속을 요구하는가 하면 헌법에 충성을 강요하였다.

이렇게 되자 1791년 6월 왕과 왕비가 오스트리아로 탈출을 시도하다가 붙잡혔다. 1792년 9월 20일 국민의회는 왕정을 폐지하고 공화국 수립을 선포했다. 1793년 1월 26일 루이 16세와 왕비 마리 앙뜨와네뜨를 단두대에서 처형했다. 루이 16세는 죽기 전 "국민들이여, 나는 죄 없이 죽습니다."라고 외쳤다고 한다.

〈기요틴 처형〉

여하튼 프랑스 대혁명은 봉건제도인 구체제(앙시엥레짐)를 철폐하고, 국민주권 근대시민사회를 유도했다. 세금과 관련하여 "조세는 능력에 따라 공평하게 과세하되, 그 결정은 반드시 국민의 대표자를 통해서 하도록 한다.(제14조)"라고 천명하고 있다.

당시 국민의 2%에 불과했던 귀족과 성직자는 토지와 관직을 독점하면서도 세금 한 푼 내지 않고 평민들에게만 부과한 과중한 세금이 결국 왕정역사의 흐름을 바꾼 것이다. 세금이 무섭다는 사례이다. ●

2.5 물세(水稅)가 일제 식민지화의 발단

1) 조병갑의 수세와 동학농민혁명

가) 세도정치와 삼정의 문란

영조 및 정조 시절 조선은 르네상스를 기대했는데, 정조의 갑작스런 죽음으로 꿈은 사라졌다. 정조의 아들 순조가 11살의 나이로 1801년 임금으로 등극하니, 안동 김씨와 풍양 조씨의 세도정치가 이루어지면서 중앙정치가 문란해졌다.

전정(田政)·군정(軍政)·환곡(還穀)의 3정은 이미 그 목적과는 달리 탐관오리의 사익 수단으로 변질되어, 힘없는 농민들은 산속에 들어가 화전민이 되거나 고향을 떠나는 자가 속출하였다.

나) 옛 고부군

1914년 행정개편 전까지는 오늘날의 군(郡)보다 적은 현(縣) 또는 옛

〈고부 관아터〉

군(郡)으로 되어 있었으나 그 후 신작로의 조성 등으로 2~3개의 현 또는 군을 통폐합하여 오늘날의 시(市) 군(郡) 체계가 되었다. 따라서 옛고부군(古阜郡)은 지금은 정읍시로 편입되어 있다. 당시 고부군은 오늘날 정읍시 고부면, 덕천면, 소성면, 영원면, 이평면, 정우면과 부안군 백산면 일대에 있었던 옛 고을이다.

다) 조병갑의 수세와 동학농민 혁명

조선 후기의 탐관오리의 착취는 고부군수 조병갑의 수세(水稅)로 인한 분노가 폭발한 것이 동학농민혁명이다. 동학은 경주출신의 몰락 양반 최제우가 자본주의 열강이 점차 침략의 야욕을 뻗쳐오던 1860년 서학(천주교)에 대립하여 창시한 민족 종교였다. 더구나 녹두장군 전봉준(全琫準)의 아버지가 일찍이 조병갑의 학정에 저항하다가 곤장을 맞아 그 장독(杖毒)으로 죽음을 당했다. 이에 녹두장군은 사회개혁의 뜻을 품고 1890년(고종27) 무렵 동학에 입교하여 고부접주(古阜接主)가 되었다.

그런데 조병갑(趙秉甲)이 1892년 고부군수로 부임하여서는 애민(愛民)보다 탐학(貪虐)부터 시작한다.

결국 전봉준은 1894년 1월 1천 명의 동학농민군을 이끌고 봉기하였다. 이름하여 '고부민란(古阜民亂)'이라 한다. 이때 조병갑은 이미 자취를 감추었다. 그래서 원한의 대상인 만석보만 허물어 버렸다.

신임군수 박원명은 조정에서 조병갑을 처벌하겠다고 약속하는 등 적극적인 회유책으로 농민군을 일단 해산시켰다. 그러나 안핵사(按核使) 이용태가 이를 지키지 않자 전봉준은 3월에 다시 봉기하여 전주(全州)

〈서면 백산, 앉으면 죽산〉

를 점령하였다. '서면 백산(白山), 앉으면 죽산(竹山)'이라는 말이 생길 만큼 전라도 각지에서 많은 농민들이 참여하였다. 그리고 전라도 일대 의 행정을 장악하였다.

2) 청나라에 진압군 요청과 청일전쟁의 발발

가) 청일 전쟁의 발발

농민군에 위험을 느낀 조선 정부는 청나라에 반란군의 진압을 요청 하였다. 청나라는 기다렸다는 듯이 군대를 몰고 달려왔다. 청나라는 톈진조약에 따라 일본 정부에 파병을 알렸다. 여기에서 톈진조약이란 우리나라와는 상관없이 영국의 중재로 청나라와 일본이 1885년 '조선 으로부터 각각 군대를 철수시키고, 변란 등의 중요 사건으로 어느 한 쪽이 파병할 경우 상대방에 통보해야 한다' 라고 하는 자기들의 약정 이다.

그래서 일본군 이 청군의 진입 을 빌미로 우리나 라에 들어온 것이 다. 그런데 일본 군은 경복궁을 침 입하여 고종을 연 금시키고 친일정

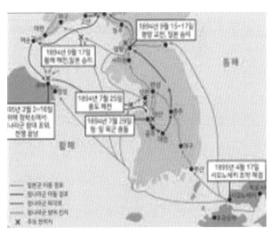

〈청일 전쟁도〉

권을 수립케 한 후 아산만에 정박해 있던 청국 함대를 공격함으로써 전봉준 등이 그토록 우려했던 청일전쟁(1894.4.7.~1895.4.)이 발발하여, 조선의 강토는 금세 외적들의 싸움터가 되고 말았다.

나) 일본의 승리

전주성에서 정부군과 농민군 사이에 화의가 성립되어, 조선정부는 청나라와 일본에 철병을 요구하였다. 그러나 일본의 경우 오히려 추가 병력이 조선에 도착하고, 조선정부에 내정개혁안을 제시하였다. 물론 조선 정부는 청나라가 필승하리라 믿고 있었다. 그런데 1894년 7월 25일, 평택과 당진 사이 즉 아산 근해 풍도(風島)에서 접전한 결과 일본군이 승리했다. 그리고 육지에서의 전투에서도 초전인 아산과 천안시 성환읍을 중심으로 한 전투에서 청나라 군대가 패배하였다.

3) 동학농민군의 패배와 일제의 식민지화

가) 공주 전투에서 동학농민군의 패배

이제 한반도에는 일본군이 활개를 펴고 다니니, 동학농민군은 어떻게 외세를 몰아내느냐 하는 것이 주관심이었다. 동학농민군은 공주를 향하여 북상하기 시작했다. 그러나 이미 일본군과 관군은 공주영의 요소요소에 병력을 배치하여 농민군을 기다리고 있었다. 공주로 진격하여 우금치 고개에서 전투가 벌어졌다. 일본군의 우세한 근대적 무기에

맞서 농민군은 4~50여 차
례 공방전을 펼쳤으나, 끝
내 참패하고 말았다. 공주
전투에서 패한 농민군들은
논산, 금구, 태인 등 각지
에서 일본군과 완강히 싸
웠으나 또 다시 패하였다.
전봉준 등은 재기를 노리
며 순창에 들렀다가 김경
천의 밀고로 체포되어 한
양으로 압송된다. 그후 향
년 41세 때인 1895년 3월
30일 손화중, 최경선 등과
함께 최후를 마쳤다.

〈전봉준 녹두장군의 압송〉

〈종각역 입구에 설치된 전봉준 동상〉

나) 명성황후 시해와 아관파천

　조선의 명성황후는 다시 러시아의 힘을 빌려 일본 세력을 몰아내고
자 하였다. 일본은 이에 큰 위협을 느꼈고, 일본군의 2개 대대가 명성
황후의 침소인 건청궁에 난입하여 명성황후를 시해하고, 조선을 억박
하여 을미개혁을 실행하였으나 민중들의 반발로 무산되었다.

　1896년 2월, 고종이 러시아 공사관으로 피신(이를 한자로 '俄館播遷'

〈러시아 공사관〉

이라 한다)하니 조선 내에서 일본의 세력은 감소하였다. 이듬해 고종은 덕수궁으로 환궁하여 대한제국을 선포하기에 이른다. 한편, 동아시아에 대한 주도권은 중국으로부터 일본으로 옮겨졌으며, 청나라 중심의 중화사상의 영향력은 감퇴되었다.

4) 을사늑약과 한일 합병

조병갑 군수의 수세(水稅) 부과가 발단이 되어 동학농민군이 형성되고, 동학농민군에 의한 혁명은 청일전쟁을 유발하고, 청일전쟁에서 일본이 청나라에 승리함으로써 1905년 을사늑약과 1910년 한일합병으로 아이져 500년 역사의 조선이 망하게 된다.

이처럼 세금 문제는 어느 시대나 민감하다. 국가가 대가없이 강제로

〈을사늑약의 현장, 정동 중명전〉

징수하는 것이기 때문이다. 조선의 21대 영조임금이 조세행정의 지침으로 "균공애민 절용축력(均貢愛民 節用畜力)"을 내세운 것은 "세금은 평등하게 내도록 하여 백성을 사랑하고 씀씀이를 절약하여 국력을 축적한다"는 것이다.

조세의 공평성(公平性)은 수평적 공평성(Horizontal Equity)과 수직적 공평성(Vertical Equity)으로 구분한다. 수평적 공평성은 소득이 같고 조건이 같다면 모든 개인은 같은 금액의 세금을 납부해야 한다는 것이다. 반면 수직적 공평성은 소득이 많으면 적은 사람에 비하여 더 높은 세율을 적용하는, 즉 누진세(progressive tax system) 제도를 들 수 있다.

새삼 이 말이 새로이 다가오는 것은 세금을 어떻게 관리하느냐에 따라 한 나라가 흥왕하기도 하고 망하기도 하며 때로는 역사의 흐름을 바꿀 수도 있기 때문이다. ●

[하브루타] 공자도 괴테도 회계사였다.

 ▶ 공자(孔子; BC551~BC479)는 중국 역사에서 가장 혼란했던 춘추전국시대에 산동성 곡부인 노(魯)나라에서 태어나 가난하게 자랐다. 15세부터 학문에 뜻을 두고 예(禮)를 배웠지만, 당장 먹고 사는 것이 급하여 20세 때 처음으로 관직에 나갔다. 맡은 직책은 위리(爲委)라는 창고 출납을 하는 하급 경리였다. 얼마 후 가축을 사육하는 승전(乘田)이라는 직책을 맡아서도 최선을 다했기에, 누구보다도 소와 양을 잘 길러냈다고 한다. (孔子嘗爲委吏矣 , 曰 '會計當而已矣'。嘗爲乘田矣 , 曰 '牛羊茁壯 , 長而已矣'). 2,500년 전의 창고출납 기록은 오늘날로 보면 단식부기(單式簿記)에 불과하지만 당시엔 뛰어난 회계사라고 할 수 있다.

 ▶ 괴테 (1749~1832)는 80년이 넘는 긴 생애에 『젊은 베르테르의 슬픔 (1774)』, 『파우스트』 같은 작품을 쓴 독일의 거인이다. 그는 문학뿐만 아니라 과학자이자, 자연 연구가이기도 하였으며 뛰어난 복식부기 옹호론자였다. 괴테의 첫 직업은 문학과는 좀 거리가 있었다. 26살의 괴테는 인구 6천 명의 작은 바이마르 공국의 재정·회계 책임자가 된 것이다. 이 일을 하면서 체험적으로 느낀 것이 "복식부기는 인간의 지혜가 발명한 위대한 산물 중의 하나다."라는 말이다. 그는 10년간 재정 및 회계를 하면서 공직을 성공적으로 수행한 행정가이자 정치가였다.

3부

호랑이보다 무서운 세금

3.1 호랑이 보다 무서운 세금

조세는 "국가 또는 지방자치단체가 대가 없이 재정수요를 충족하기 위하여 법률이 정하는 바에 따라 국민에게 부과·징수하는 금전"이라고 정의하고 있다.

1) 논어와 세금

가) 공자의 탄생

때는 BC 6세기 중국 춘추시대였다. 노나라에 공흘이라는 사람은 9 척의 무인으로 대부(大夫)가 되었다. 첫째 부인에게서 딸만 아홉을 낳았고, 둘째 부인에게서 겨우 아들 하나를 낳았으나 절름발이였다. 공흘은 은근히 걱정이 되어 예순세 살 때, 성 밖의 열여섯 살 처녀와 야합(野合)하여 낳은 자가 공자다. 야합이란 단어를 처음 사용한 사람은 사마천이다.

공자는 얼마 지나지 않아 아버지를 여의었고, 어머니 슬하에서 어린 시절을 불행하게 보냈다. 그런데도 15살 때 학문에 뜻을 두기 시작하여 미천한 신분에도 불구하고 자수성가로 위대한 스승이 되었다. 공자는 2021년 기준으로 정확하게 2500년 전에 돌아가셨다.

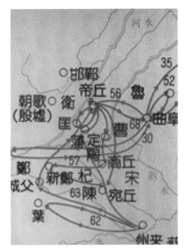

〈춘추전국시대〉

나) 논어의 세금 이야기

논어에는 세금과 관련한 문장이 한 번 나온다. 즉 12편(안연편) 9장에 노나라 왕인 애공(哀公)이 공자의 제자인 유약에게 "올해는 흉작으로 국비가 부족하니 어찌하면 좋겠느냐?"고 물었다. 유약은 세율을 가볍게 하는 방법, 즉 10%로 하는 것이 좋겠다고 건의하니, 애공은 "오히려 20%로 해도 부족할 것이다."라고 한다. 이에 유약은 "백성이 풍족하면 임금이 부족할 이유가 없고, 백성이 부족하면 임금이 어떻게 풍족하겠느냐?"고 되물었다. 애공이 공자의 제자인 '유약'과 나눈 대화이지만, 공자의 생각임을 미루어 짐작할 수 있을 것이다.

다) 공자의 국가관

논어(論語) 12편 즉, 안연(顔淵)편에 제자 자공(子貢)이 스승에게 정치에 관하여 여쭈자, 2500년 전 공자께서는 즉석에서 "식량을 풍족하

게 하고, 국방을 강화하
며, 백성들로 하여금 믿
게 하는 것이다(足食足兵
民信之矣)" 라 했다.

이어 자공이 또 묻기
를 "부득이하여 한 가지
를 버려야 한다면 어느
것을 버려야 합니까?"라
고 묻자, 공자께서 망설
이지 않고 "먼저 군비를
버리고, 그래도 또 버려
야 한다면 식량을 버린

〈공자〉

다."라고 했다. 왜냐하면 백성의 신뢰는 버릴 수 없다는 것이 공자의 국
가관이었다. 정치의 기본은 옛날이나 지금이나 다르지 않은 것 같다.
신뢰는 나라를 나라답게 하는 기초이기 때문이다.

2) 세금 부조리 사례

가) 신약 시대의 세리

"나라가 망하고 또 다른 나라가 들어서도 세리(稅吏)는 기다린다."는

〈신약시대의 세리〉

말이 5천 년 전의 이라크 수메르 점토판에 쓰여 있다고 한다. 신약시
대 세리들은 로마의 앞잡이가 되어 수단 방법을 가리지 아니하고 세금
을 징수했다. 세리들 중 일부는 세금 징수를 빙자하여 자신의 축재 수
단으로 종종 악용하였기 때문에 유대인들 사이에서 배척의 대상이 되
었다(마태복음 21:31). 마태복음의 저자 마태도 세리였다.

나) 우리나라 삼정의 붕괴와 수탈

우리나라 조선 후기 세도정치 때는 전정(田政)·군정(軍政)·환곡(還穀:
양곡대여)의 3대 재정행정이 문란하였다. 백성들은 나라를 믿을 수가
없을 정도로 불안했다. 숙종 때의 것으로 알려진 춘향전에서 성춘향은
관기(官妓)가 아닌데도 사또의 수청을 거절한다 하여 옥에 투옥되는 부

조리가 횡횡하였다. 암행어사지만 거
지꼴로 분장한 이몽룡은 당시의 탐관
오리들의 부정부패를 시 한 수로 잘 압
축하여 표현하고 있다.

金樽美酒 千人血 (금준미주 천인혈)
玉盤佳肴 萬性膏 (옥반가효 만성고)
燭淚落時 民淚落 (촉루락시 민루락)
歌聲高處 怨聲高 (가성고처 원성고)

금항아리의 맛좋은 술은 천사람의 피요,
옥쟁반의 기름진 안주는 만백성의 기름이니.
촛농이 떨어질 때 백성들은 눈물 쏟고,
노래소리 높을 때에 원망소리도 높더라.

3) 가정맹어호(苛政猛於虎)

어느 날 공자가 노나라의 혼란 상태에 환멸을 느끼고, 제나라로 가던
중 허술한 세 개의 무덤 앞에서 슬피우는 여인을 마주치게 되었다. 사
연을 물은 즉 시아버지는 재작년에, 남편은 작년에 그리고 올해는 아
들을 호랑이가 잡아먹었다는 것이었다. 이에 "그렇다면 이곳을 떠나

〈무덤 앞에 슬피우는 여인〉

읍내에 사는 것이 어떠냐?"고 묻자, 여인은 "여기서 사는 것이 차라리 낫습니다. 다른 곳으로 가면 무거운 세금 때문에 그나마도 살 수가 없습니다."라고 대답하더라는 것이다. 이에 공자가 크게 깨달아 "가혹한 정치는 호랑이보다도 더 무섭다(苛政猛於虎)"는 촌철살인 같은 말을 남겼다. 예기(禮記)의 단궁 하편(檀弓下篇)의 기록이다.

세금은 나라의 운명, 즉 역사의 진로도 바꿔놓을 정도로 무섭다. 2,500년 전 공자가 말한 가정맹어호(苛政猛於虎)의 뜻이 오늘날도 변하지 않는 진리임을 위정자들은 명심해야 할 것이다. ●

3.2 무악재 유인막 부패 관리의 횡포

1) 인왕산 호랑이와 무악재 유인막

가) 인왕산 호랑이가 무서워

서울 지하철 3호선 독립문역에서 무악재역 방향으로 걸어가다 보면 지금은 아파트 등으로 분간하기가 쉽지 않지만 왼쪽은 연세대 뒷산인 무악산(오늘날은 안산으로 더 많이 불리고 있다)이, 오른쪽엔 인왕산이 있는 무악재 고개가 나타난다. 원래는 상당히 높은 고개로 나무가 우거져 혼자 걷기에 힘도 들고 무섭기도 했던 모양이다.

〈인왕산 호랑이〉

당시 인왕산에는 호랑이가 많았다고 한다. 지금으로부터 100년 전

〈옛 무악재〉

만 해도 인왕산 호랑이가 무악재를 넘는 사람들을 많이 해친 이야기가 전해져 오고 있다. 인왕산 호랑이들은 사람들이 여럿이 모여 고개를 오르내리면 공격을 하지 않았지만, 혼자 고개를 넘는 사람이 있으면 여지없이 나타나 사람을 잡아먹었다는 것이다.

나) 유인막의 설치와 통행인 보호

무악재를 넘는 사람은 지금의 불광동이나 고양시 쪽에서 넘어오는 나무꾼만 있는 것이 아니었다. 신의주, 평양, 개성 등 지금의 이북 땅에 살았던 사람들도 한양에 들어오려면 무악재를 넘어야 했다. 고개를 넘는 사람들이 많고, 무악재에서 호랑이에게 당하는 사람이 많아지자 나라에서는 관리들을 무악재에 보내 행인들을 보호하라고 지시했다.

이들 관리들은 모두 총을 메고 지금의 독립공원 근처에 막사를 지어 놓고 행인들을 보호했다. 그 막사를 '유인막'이라 했는데, 관리들은 고개를 넘으려 하는 사람들이 열 명이 될 때까지 기다렸다가 총을 들고 호위하며 고개를 무사히 넘게 했다고 한다. 호랑이를 잡은 사람에게는 자기가 잡은 호랑이 가죽을

〈유인막〉

본인이 가질 수 있도록 했다. 호랑이가 남긴 가죽을 호피(虎皮)라 하여 지금도 귀하지만 그 당시는 쌀 10가마니와도 쉽게 바꾸지 않을 정도로 귀했던 것이다.

2) 유인막의 부조리와 부패

가) 우리나라 판 가정맹어호(苛政猛於虎)

호랑이가 자주 나타나던 때 행인 중 누군가가 "덕분에 무사히 고개를 잘 넘었습니다."라고 하면서 "소액이나마 받으시오. 수고했으니 막걸리라도 한잔 사 드리고 싶지만 그럴 수가 없으니 우리가 돈을 모아 드리는 겁니다."라고 소박한 마음으로 사례한 것이 차츰 돈을 주는 사람들이 많아지다 보니 관리들은 돈 받는 것을 당연하게 여겼던 것이다.

급기야 돈을 주지 않으면 고개를 넘지 못하게까지 했다. 유인막의 원

래 취지라면 호랑이가 없으면 철수해야 하는 것이 당연하다.

급기야 무악재 유인막을 지키는 관리들이 호랑이를 잡아준다는 구실로 통행료를 강제로 받으려고 얼마나 지독하게 굴었으면 "호랑이보다 유인막 관리가 더 무섭더라"고 한 말이 지금도 전해 내려올까? 우리나라 판 가정맹어호(苛政猛於虎) 라고 해도 될 법하다.

나) 호랑이가 없는데도 있다고 허위 보고

유인막 관리에게 호랑이를 잡을 수 있는 권한을 주었기에 인왕산 호랑이는 얼마 안 되어 사라졌다. 따라서 더 이상 유인막과 관리가 필요 없게 되었다. 그럼에도 감독관청에는 호랑이가 여전히 나타난다며 허위보고를 하고, 무악재를 넘나드는 사람들에게서 통행료를 강요하여 관리들의 배만 채웠던 것이니 안타깝고 슬프도다!

(권영택 저, 천일야사, 안다미로 출판사, 2017년, 23쪽~26쪽 참고)

●

3.3 탐관오리의 상징, 고부군수 조병갑

1) 고부군수 조병갑

가) 큰 아버지 영의정 조두순의 비호속에 벌인 부정부패

지금으로부터 130여년 전 전북 고부군(현재는 정읍시 고부면)에 신임 군수 조병갑이 부임했다. 고부군은 1914년 일제가 행정을 개편하여 정읍시로 통합할 때까지 있었던 군이다. 조병갑(趙秉甲, 1844~1912)은 조규순의 서자이다. 당시 영의정 조두순이 그의 큰 아버지가 된다. 자고로 올바른 사람은 지위가 높을수록 가을 벼마냥 고개를 숙이고 겸손하지만, 새로 부임한 조병갑 고부군수는 안

〈탐관오리 조병갑〉

하무인이다.

〈동진강 유역, 만석보 유지비〉

이미 동진강 상류에 보(洑)가 있음에도 불구하고 만석보라는 큰 보를 만들겠답시고 백성들을 강제로 부역에 동원시켰다. 그러면서 첫 해는 만석보의 물을 쓰더라도 물세(水稅)는 안 받겠다고 약속하고도 보가 완성되자 과도한 세금을 매겨 거액의 물세를 뜯어냈다.

나) 1894년 고부민란, 고금도 유배

한편 조병갑은 모친상을 당하자 부조금으로 2천 냥을 걷어오라고 지시했다. 이에 전봉준의 부친 전창혁이 대표로 나서서 항의하다가 곤장에 맞아 그 장독(杖毒)으로 죽었다. 이에 열 받은 백성들이 폭발해 전봉준을 중심으로 1894년 1월에 들고 일어나 동학농민운동(1894년 4월)의 전초전인 고부민란(古阜民亂)이 일어났다. 조병갑은 미리 도망쳤지만, 중앙 조정에서 파직하고 고금도로 유배를 보냈다.

2) 동진강은 흐른다.

가) 만석보 유지비

조병갑의 악정(惡政)에 전봉준은 더 이상 참을 수 없어 백성들의 뜻을 모아 수세 감면 등 진정을 두 차례 했지만 무시당한다. 드디어 백성들의 분노가 폭발하니, 1894년 4월이다. 그 동학혁명이 발발하기 3개월 전에 고부민란(古阜民亂, 1894. 1.)이 벌어졌다. 1천여 명의 분노한 백성들이 몰려가 관아를 점령하고, 무기고를 탈취하고 감옥을 파괴하여 억울하게 갇힌 이들을 풀어주고, 조병갑이 뜯어낸 수세미(水稅米)를 백성들에게 되돌려 준 후에 만석보를 폭파시켜 버린다. 지금은 그때 그 장소임을 알리는 유지비만이 세월의 무상함을 말해주고 있을 뿐이다.

탐관오리 조병갑은 물세(수세, 水稅)의 수탈에서 영원히 벗어날 수 없다. 뿐만 아니라, 우리나라를 일제 식민지로 만든 결정적 계기를 제공한 장본인이다. 하늘은 그런 악한 자에게는 반드시 재앙을 내릴 것이다.

나) 유배된 지 1년 만에 사면, 고등재판소 판사

그런데 영의정 큰 아버지의 도움으로 유배된 지 1년 만에 고종에게 사면을 받아 1898년에 4품 법무 민사국장에 임명되고, 몇 달 뒤에는 고등재판소 판사까지 된다. 고등재판소 판사직을 맡은 지 1달 뒤인 1898년 5월 30일 동학농민운동을 지지하고 참여한 동학의 2대 교주 최시형에게 직접 사형 판결을 내린다. 조선 후기 우리나라 사회상의 한

〈전북 동진강 언덕에 세워져 있는 만석보 유지비〉

단면을 엿볼 수 있는 대목이다.

　조병갑은 고부군수로 부임하기 전에 경남의 함양 군수로 있었는데, 함양읍 역사 인물 공원에 조병갑의 선정비가 아직도 있다. 아마 자기 공덕을 기리고자 스스로 세운 것이리라! 이것이 바로 역사 왜곡이다.●

3.4 군정문란의 상징, 황구첨정(黃口簽丁)

  우리나라의 조세제도는 중국 당나라의 조용조(租庸調)를 본받아 시행했다. 토지 수확물에 거두는 것을 租(조)라 하고, 부역을 시키는 것을 庸(용)이라 하고, 지방의 특산물을 調(조)라 했다.

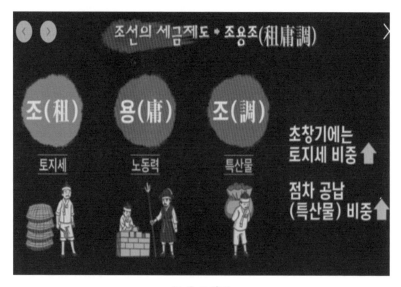

〈조,용,조 제도〉

1) 세도정치와 유배의 남발

가) 세도정치

조선후기 영조·정조와 같은 뛰어난 군주가 탕평책을 쓰고 있는 동안은 어느 정도 정치의 안정을 기할 수가 있었다. 그러나 정조가 승하하고 순조가 11세의 어린 나이로 즉위하자 외척세력이 왕권을 압도하는 이른바 세도 정치가 시작되었다. 즉 순조 초에 정조의 유명(遺命)으로 안동 김씨인 김조순이 국구(國舅)로서 정치를 전담하다시피 하였다.

이렇게 권력을 독점하던 안동 김씨의 전권 시대는 풍양 조씨를 만나 일시 후퇴하였다. 이리하여 헌종 때에는 조씨 일문이 정권을 장악하게 되었다. 그러나 철종이 즉위하면서 왕비가 김문근의 딸이었으므로 다시 안동 김씨에게로 세도가 돌아갔다. 이러한 형세였으므로 종실(宗室)이라 하더라도 김씨 일문의 세력에 억눌려 살아야 했다. 따라서 정치 기강이 극도로 문란해져서 유교적인 관료 정치는 무너지고, 붕당 사이의 세력 투쟁과 척족(戚族)이 정권을 농단하는 시대로 변했다.

나) 유배의 남발

1800년 정조가 갑자기 승하하자, 어린 11세의 순조가 왕위를 이었으나 조선은 본격적으로 내리막길을 걷기 시작한다. 이때 대표적인 피해자가 다산 정약용이다. 정약용(丁若鏞)은 28세 때 벼슬에 나갔다. 정조의 총애 속에서 재주와 능력을 발휘한다. 그러나 그의 재능을 시기하는 반대 진영이 1801년(순조1년) 천주교를 막는다는 명분으로 정약용을 강진으로 유배를 보냈다. 다산은 좌절하지 않고 역경을 기회로 바꾸었다. 유배형 중에서 주군안치형은 유배지 행정구역 안에서는 활동을 할 수 있는 재량이 있었다.

반면에 집 주위에 탱자나무 울타리를 쳐서 외부와 차단하

〈다산 정약용〉

는 엄한 형벌인 위리안치(圍籬安置)형도 있는데, 그 형을 받은 대표적인 인물이 연산군과 세종의 6번째 아들 금성대군이다.

2) 삼정문란의 상징, 황구첨정

국가 재정의 3대 요소는 삼정이다. 즉, 전정(田政), 군정(軍政) 및 환곡(還穀)인데, 조선 말기에 이르자 부패와 타락이 나타난다.

가) 군정 문란의 상정, 황구첨정

삼정 중에서 군정의 문란을 보자. 군대에 가는 대신에 포(布, 병역을 면제하여 주는 대신으로 받아들이던 베)를 받았는데 시간이 지날수록 양반이나 명예 관직자가 늘어나면서 포의 양이 줄어들자 백성들에게 군포를 더 받아내기 위해 이웃의 군포를 대신 내게 하거나, 가족의 몫

음력5월22일 (6월19일)

숙종 4년(1678년)

황구첨정, 백골징포의 폐단을
없애도록 하다

＊어린아이를 군정에 포함시키고(황구첨정)
죽은 사람에게 징포(백골징포)하면서
백성들을 괴롭히던 폐단이 조선 중기부터
나타났다

을 내게 하거나, 갓 태어난 사내아이의 몫으로 포를 내게 하였으니 민심이 떠났다.

특히 5살 미만의 병아리 같은 아이를 황구(黃口)라고 하고, 장정 명부에 기록하는 것을 첨정(簽丁)이라고 하는데, 이 황구첨정(黃口簽丁)이 성행했다고 한다. 그 외에도 이미 죽은 사람도 살아있는 것으로 군적에서 삭제해주지 않고 가족들로부터 계속 군포를 거둬가는 백골징포(白骨徵布)도 하고, 도망간 사람의 군포를 친척이나 이웃에 부과하는 족징(族徵)· 인징(隣徵) 등의 악행 사례도 많았다.

나) 정약용의 시, 애절양

정약용은 학문 이외에 수많은 서정시 및 사회시를 지어 19세기 초반 조선의 풍속과 세태를 읊으며, 압제와 핍박에 시달리던 농어민의 참상을 눈물어린 시어로 대변해 주었다. 그 중의 하나가 "애절양(哀絶陽)"
이라는 시다. 이 시는 1803년 어느 백성이 자신의 양근(陽根)을 끊은
기막힌 사연을 듣고 지은 시다.

"음양의 이치는 하늘이 준 것이니 정교(情交)하지 않을 수 없고, 정교
하면 아이를 낳게 되어 있는데 낳기만 하면 반드시 병적에 올려서 집
집마다 탄식하고 울부짖게 하니, 나라의 무법함이 어찌 여기까지 이를
수 있겠는가? 심한 경우에는 배가 불룩한 것만 보고도 이름을 지으며
여자를 남자로 바꾸기도 하고, 심한 경우에는 강아지 이름까지 군안(軍
案)에 올리기도 했다."

애절양(哀絶陽)의 시 한구절을 들으면 수탈과 갑질에 고통받는 백성
의 비통한 통곡소리가 들려오는 것 같다.

.. 전략 ..
夫征不復 尙可有(부정불복 상가유)
전쟁 나간 남편이 못 돌아오는 수는 있어도
自古未聞 男絶陽(자고미문 남절양)
자고로 자기 남근 잘랐단 말은 못 들어봤소
.. 후략 .. ●

3.5 세금이 무서워 국적과 본사를 이전

"인생은 짧고 예술은 길다."처럼 짧은 문장 속에 감동을 주는 간결한 표현을 격언이라고 한다. 이 격언에는 촌철살인 같은 의미가 담겨 있다고 하여 금언(金言)이라고도 한다.

1) 택스 파라다이스

우리가 격언을 들을 때면 우리도 모르게 가슴이 찡해지는 경우가 많다. 그런데 "소득 있는 곳에 세금 있다."라는 격언을 "소득은 있으나 세금이 없는 나라, 좋은 나라"로 패러디해보면 어떨까?

이 지구상에 소득이 발생해도 세금을 내지 않는 나라 즉, 택스 파라다이스(Tax Paradise)가 과연 존재할까? 다소 생소할 수 있지만 중남미의 바하마 및 버뮤다가 대표적인 무세(無稅)국가이다.

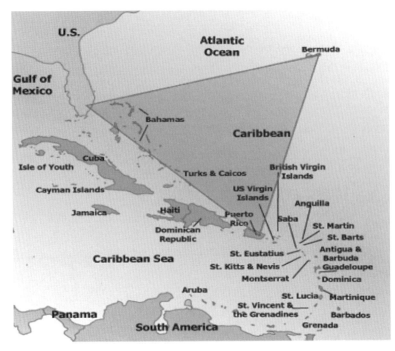

〈카리브해의 바하마 제도와 버뮤다〉

가) 조세피난처

세금이 면제되거나 현저히 경감되는 국가나 지역을 조세피난처(租稅避難處)라고 한다. 세무당국은 어떤 기업이 조세피난처 내의 회사와 거래를 하거나 해당 국가에 페이퍼컴퍼니(Paper Company)를 설립하여 거래를 한다면 돈세탁을 하거나 탈세로 악용할지도 모른다며 끊임없이 의심의 눈초리를 보낸다.

우리나라의 경우 말레이시아의 라부안 섬이 주요 조세피난처로 이용되고 있는 것으로 추정되고 있다. 국제거래에서 재미있는 것은 한 회사의 세금을 조사할 때 한 나라의 관세청과 국세청이 충돌하는 경우가 있다는 점이다. 예를 들어 어떤 회사가 정상가격보다 낮은 가격으로 수입신고를 하면 저가(低價) 신고를 했다는 이유로 관세차익에 대하여 추가로 관세를 추징한다. 그렇다면 국세청은 어떤 입장이 될까? 수입 가격을 정상가격보다 높게 신고하는 경우 제품 가격이 높아지고 그렇게 되면 제품 판

〈조세 피난처〉

매 차익이 적어지게 된다. 이럴 경우 기업이익이 줄어들어 법인세나 소득세도 자동으로 줄어들게 된다. 이럴 땐 기업, 관세청, 국세청 중 누구의 손을 들어줄까? 확실한 것은 기업은 아니라는 점이다. 과세당국은 언제나 놀부이기 쉽다.

그러나 법인세를 줄이기 위하여 조세피난처에 페이퍼 컴퍼니를 설립하고선 실질소득이 있는데도 마치 소득이 적은 것처럼 위장하려는 조세피난의 돌파구를 찾는다면 일장춘몽(一場春夢)이 될 지도 모른다.

옛 속담에 "나라가 바뀌어도 세리(稅吏)는 기다리고 있다."라고 하지 않았는가?

나) 대표적인 택스 파라다이스

① 바하마 연방공화국

바하마 연방공화국을 줄여서 바하마라고 하는데 중앙아메리카의 쿠바 북동쪽 카리브해에 있는 섬나라로 1973년 영국으로부터 독립한 나라이다. 약 700개의 섬과 2,000개의 산호초로 된 바하마제도로 구성되며, 카리브해에서는 미국이 가장 가까운 국가이다. 전라남북도 정도의 면적에 40만 명 정도의 인구가 살고 있으며 주민의 90% 가량이 아프리카 흑인으로 영어를 공용어로 사용하고 있다.

② 버뮤다

버뮤다는 북대서양 서부, 미국 동해안에서 약 1,000km 떨어져 있는 도서군(島嶼群)으로 이루어진 영국 속령이다. 면적은 53 ㎢으로 작으나 고소득 국가이다. 영어를 공용으로 사용하고 있으며 주민은 흑인이 가장 많다. 영국으로부터 완전 독립하자는 주장으로 1995년 투표를 실시했으나 부결되었다.

2) 세금이 무서워 본사와 국적을 이전

가) 최초 조세피난민은 누구인가?

가톨릭 사제들이 조세피난민의 후예(後裔)란 말이 있다. 우리나라

의 백성도 세금을 피해
섬이나 산으로 도망가
는 일이 끊이지 않았듯
이 조세 저항의 역사는
예외가 없다. 로마도 디
오클레티아누스 황제 때
제국 건설을 위해 전 세

〈안토니우스 성당〉

계적으로 세금징수를 강화했던 모양이다. 그때 이집트에서는 안토니
우스라는 독실한 기독교 사제가 있어, 신자들은 안토니우스를 중심으
로 한 신앙공동체를 만들었다. 그런데 세리들은 이들도 가만히 놔두지
않았다. 안토니우스와 추종자들은 세금을 피해 사막으로 달아나서 새
로운 공동체를 만들었다. 반면에 사막의 척박한 기후 때문에 여자나 아
이들은 이들을 따라가지 못했고, 결국 이들은 독신으로 살면서 신앙생
활에 전념했다는 것이다.

나) 본사(本社)를 이전

스웨덴의 국민기업이
라고 하는 이케아(IKEA)
의 본사는 스웨덴이 아닌
네덜란드에 있다. "세금
앞에 장사(壯士) 없다"는
것은 틀린 말이 아니다.

〈네덜란드에 본사를 둔 스웨덴 이케아 본사〉

다) 영국 외무장관이 국적을 이전

미국은 소득 원천과는 상관없이 미국 국적을 가진 사람들에게 세금을 부과하고 있다. 미국이 아닌 해외에서 발생한 소득에 대해서도 과세하고 있다.

보리스 존슨 영국 외무장관이 2016년도 말 세금 폭탄으로 52년 만에 미국 국적을 포기했다. 존슨 장관은 1964년 부모의 미국 유학 중 태어나, 영국과 미국 국적을 모두 유지해왔다. 미국은 해외에 거주하는 국적자에게도 세금을 부과한다. 존슨 장관은 2014년 런던 북부에 있는 자신의 집을 팔았

〈보리스 존슨 (영국 전 외무부 장관, 77대 총리)〉

을 때, 미국 정부로부터 5만 달러 가량의 양도소득세를 부과받자 강하게 이의제기를 했다. ●

4부

요람에서 무덤까지 세금

4.1 요람에서 무덤까지 세금

1) 월급쟁이 부장의 고민

가) 가정 교육과 면접 시험

안평국(安平國)씨는 순흥 안씨의 후손으로 6.25 전쟁 통에 경북 영주에서 태어났다. 대학은 대구에서 경영학을 전공하고, 서울의 대기업 경리부에 입사하였다. 할아버지, 아버지의 영향 탓인지 고향 사랑과 뿌리사랑이 남다르다. 설이나 추석 때 귀에 못이 박히도록 들은 선조들 얘기가 학창 시절 당시는 잔소리로 들렸다. 그런데 성인이 되고 보니 어느새 뿌리사랑으로 자리매김을 한 것 같다.

안평국씨는 입사 면접 시 면접관 중 연장자로 보이는 분(장건상 부사장)으로부터 예상치 못한 질문을 받고 잠시 당황했던 순간을 지금도 잊지 못하고 있다.

"안평국씨는 본관이 어디지요?"

"순흥 안씨입니다"

"그렇군요. 그런데 순흥이 어딘지 아세요?"

"가 보지는 못 했지만, 제 부친으로부터 많이 들어 알고 있습니다."

"간략히 말해 줄 수 있나요?"

차례 때마다 들은 얘기가 생생하게 기억이 난다.

〈순흥도호부 터〉

〈금성대군 위리안치〉

"예, 순흥은 지금의 경상북도 영주시(榮州市) 소수서원(紹修書院) 초입에 있는 순흥면으로, 원래는 순흥도호부(順興都護府)가 있었던 곳입니다. 그런데 세종의 6째 아들인 금성대군(錦城大君)이 형의 잘못을 신랄하게 지적하자 가장 혹독한 유배형인 위리안치(圍籬安置)로 순흥에다 감금시켰대요. 그럼에도 금성대군은 순흥 도호부사 이보흠과 단종복위운동을 모의하다 늘켜, 순흥노호부는 역향(逆鄕)으로 지목되고 오늘날의 면단위로 축소된 것으로 알고 있습니다."

면접관인 장 부사장은 요즈음 젊은이답지 않게 본관에 대해 정확하게 알고 있는 사실에 내심 놀랐다.

나) 부장 3년차의 진로 고민과 독립결단

이후 안평국씨는 성격이 원만한데다 실력파이고 성실하기까지 해 입사 동기생 중에 승진이 가장 빨랐다. 지금은 부장 3년차이다. 그런데 부장이 되고부터 고민거리가 생겼다. 그것은 월급쟁이로 계속 있을 것인가 아니면 자기 사업을 찾아 나갈 것인가에 대한 것이었다. 고민 끝에 결국 독립하기로 결정했다.

그런데 말이 독립이지 생각대로 되는 것이 하나도 없었다. 후회도 하고, 남 몰래 눈물을 흘린 적도 한두 번이 아니었다. 다행히 성실과 인덕 덕분에 겨우겨우 견디다가 마침내 안평국씨가 50대에 이르자 그동안 뿌린 씨가 하나 둘 열매를 맺기 시작하더니 마침내 제법 큰 중소기업으로 성장한 것이다.

안 사장은 문득 지난날을 뒤돌아보니 그동안 극장에 가 영화 한편 볼 틈도 없이 치열하게 살아온 자신을 발견하고는 여러 생각에 잠긴다.

"내 인생의 목표가 결코 이런 것만이 아닌데……"

2) 요람에서 무덤까지 세금

가) 제2의 인생 여정

환갑이 지난 어느 날 안 사장은 제2의 인생 프로그램에 대해 고민을 한 결과 "만 65세가 되면 제2의 인생목표를 이행하리라." 결심하

〈남한산성〉

고, 그 결심을 이행하기 위하여 준비를 해왔다. 드디어 만 65세 생일
날 안 사장은 장성한 아들에게 회사 경영을 맡기고, 앞으로는 취미 생
활도 하고 여행도 하며 특히 건강을 위하여 등산 등을 하며 재미있게
지내기로 했다.

　오늘은 친한 친구 2명과 함께 남한산성 등산을 약속한 날이다. 등산
화를 신고 문을 나서려고 하는데 어제 오후 집에 놀러 온 손녀가 "할아
버지! 어디 가?" 한다.

　"등산하고 올 테니 그동안 할머니와 같이 잘 놀고 있어!"

　실망하여 울상인 손녀를 두고 가려니 순간 갈등이 일어난다. 문간
에서 자기랑 놀자며 보채는 손녀를 달래다 보니 출발이 그만 늦어졌다.
약속한 지하철역에 도착하니 일행 모두가 기다리고 있다.

　"어이, 친구들! 늦어서 미안해."

　"빨리 와! 평상시는 안 사장이 시계였는데, 오늘 지각한 것으로 봐선

뭔가 큰 일이 있었나봐!"

"일은 무슨 일? 어제 우리 집에 온 손녀 녀석이 자기랑 놀자며 늘어지는 바람에 달래느라고 시간이 가 버렸지! 오늘 늦은 벌로 하산 후 점심은 내가 살께!"

성격이 밝은 안(安)사장의 재치있는 선수(先手) 작전에, 일행은 한 바탕 웃었다. 3시간 가량의 산행을 오랜만에 하다보니 다리가 힘이 들어 후들거린다. 초가을인데도 등엔 땀이 흥건하다.

나) 세무조사는 저승사자

약속대로 식당에 들러 이런저런 화제를 반주 삼아 식사를 맛있게 하고 있는데 옆에 있던 친구가 불만어린 투로 "이제 이 나이에 남은 것이라곤 집 한 채 밖에 없고 소득도 없는데 웬 재산세가 이리도 많이 부과되는지 몰라! 짜증나는 세상이야. 안 사장은 어떻게 생각해?"

이에 안 사장은 "세금이라...." 라며 긴 한숨 끝에 말없이 소주를 자작하며 들이킨다. 그리고 성스런 고백을 하듯이 말을 잇는다.

"나는 말이야, 경영학도 출신에 경리업무만 15년에다 중소기업을 직접 경영해보았으니 세무의 세(稅)자만 들어도 몸에 두드러기 반응이 나타나는 사람이네. 그 동안 세무조사를 몇 차례 받아 보고 난 다음의 결론이야. 친구들아! 중소기업을 할 때에 영업도 힘들고 인재도 좀 더 많았으면 좋겠다고 아쉬워했지만 그런건 그런대로 극복할 수 있었네.

그런데 가장 힘든 것은 세무조사야! 아무리 정직하고 성실하게 세무신고를 해도, 훗날 조사가 나오면 조사관들은 무슨 이유와 변명을 만들어서라도 자기들이 목표로 하는 액수를 추징하는 거야! 정말 괴롭지!

이왕에 세금 이야기가 나왔으니, 오늘은 그 이야기나 하지 뭐"

"그래, 그것 좋은 생각이다. 안 사장 전공이니 한 번 들어보자."

안 사장은 마치 오늘을 기다려 온 사람처럼 막힘없이 이야기를 풀어놓는다.

나) 촘촘한 세금 그물망

"일단 사람으로 태어나면 어떤 세금을 내는 지 알아? 먼저 요람이나 분유가 있어야 할 터이니, 요람과 분유에는 부가가치세가 붙지. 태어나자마자 세금을 먹으면서 자라나는 꼴이지."

친구들도 동의한다며 머리를 끄덕인다.

"유년기가 되면 옷이라든가 학용품 등에도 10%의 부가가치세가 붙지. 청년기가 되면 학비와 생활비 등이 많이 소요되는데, 먹고 입는 생활용품에는 대부분 부가가치세가 붙는 것은 당연하고, 값비싼 아이패드나 노트북 등은 부가가치세뿐만 아니라 특별소비세도 붙는다. 친구들과 식사나 음주를 하는 경우에는 자신도 모르게 내는 세금도 많아 부가가치세는 기본이고, 즐겨 마시는 소주에도 72%의 주세가 붙고, 담배의 경우 약 75%가 세금인 셈이지. 다행히도 학비에는 부가가치세가 면제되니 고마운 구석도 없잖아 있단다."

	자동차 취득시 세금	자동차 보유시 세금	유류세
부과되는 세금의 종류	개별소비세 교육세 부가가치세 취득세 등록세 농특세 지방교육세	자동차세 지방교육세	교통에너지환경세 주행세 개별소비세 교육세 관세 부가가치세

〈자동차 관련 세금 현황〉

"너희들도 알다시피 지방 대학 나와 서울에 그것도 대기업의 경리부에 취직을 하는 건 하늘의 별따기야. 나의 경우 순전히 운이었지. 하여튼 한 달 만에 월급을 받는데, 이를 전문용어로 근로소득이라 해. 그런데 근로소득에 차감하는 소득세 징수 책임자는 회사야. 그것도 개인한테 월급을 주기 전에 미리 세금을 원천징수하기 때문에 '유리 지갑'이라 할 수 있지. 그래도 얼마나 고마운가? 쥐꼬리만한 월급이라고 하지만 그 돈으로 가정을 꾸리고 아껴 써서 한푼 두푼 모은 돈으로 자동차도 구입하잖아. 참! 자동차를 구입하면 차량대금 뿐만 아니라 취득세와 등록세를 납부해야 하고, 자동차를 운행하기 위해서는 휘발유와 수리비도 만만치 않지. 휘발유에는 교통세, 교육세 및 부가가치세 등이 포함되는데, 휘발유 가격에 유류세의 비중이 약 55%정도나 된다는 사실 알고 있었나?"

"아니 안 사장! 너를 지금까지 특별하게 생각하지 않았는데, 세무에 관해 일가견이 있구나!"

안 사장은 그 소리에 어깨를 으쓱이며 마른 기침을 한 후 말을 잇는다.

"혹시 자녀 결혼 시 받은 축의금이 신랑 신부 당사자보다 혼주인 부모님과의 연으로 받은 금액이 상식선을 초과하고, 그 돈이 자녀에게 넘어가면 증여세가 부과된다는 것을 알고들 있나? 물론 사회 일반의 통념을 벗어나지 않으면 세무 당국이 인지해도 묵인하는데, 몇 억원이 되면 증여세 과세가 될 수도 있단다."

"안 사장, 네 이야기 계속 듣다가는 오늘 밤을 새워야 할지도 모르겠다. 남은 얘기는 다음에 하기로 하고 오늘은 여기서 매듭을 짓자."

이에 안 사장은 그렇게 하자면서 마지막 말 한 마디를 덧붙인다. '세금 관련 이야기'는 많지만, 우리가 죽어 무덤에 묻힐 때도 세금을 안고 간다는 사실을 잊지 마!"

"그게 무슨 소리야?"

"우리가 누워가는 마지막 관(棺)에도 부가가치세가 붙는다는 말이지"

그 말이 끝나자 말자, 두 친구는 합창이라도 하듯이 "돈 없으면 죽는 것도 힘들겠구나!" 라고 한다.

안 사상은 삼시 침묵하더니, 알 듯 모를 듯한 말로 여운을 남긴다.

"그래, 우리가 이렇게 세금에 대해서 이야기 한다는 것은 우리가 아직 살아있다는 증거야. 세금은 우리 삶의 통과의례(通過儀禮, rite of passage)이거든...." ●

4.2 어느 백수(白手)가 부담하는 하루치 세금

1) 건강할 때 건강을 관리하라

필자가 2021년 6월에 "촌놈으로 살다 보니"라는 제목으로 3번째 수필집을 발간하고 나니, 스트레스 탓인지 허리가 아파오기 시작했다. 그간 다니던 대학병원에서 MRI 촬영 등 제반 검사를 한 결과를 본 의사는 "퇴행성 디스크입니다. 아직 수술할 정도는 아니므로, 매일 30분이상 걷기 운동을 하십시오. 병원에서 그 이상은 도와드릴 방법이 없습니다." 라고 담담하게 소견을 말하곤 다음 순서의 환자를 호출한다.

주위에 퇴행성 디스크로 고생한 사람들의 얘기를 들어보면 치료방법이 각양각색이나, 공통적인 것은 아파도 걷기운동을 반드시 하라는 것이다. 그래서 이 핑계 저 핑계로 미루다가 보름 전부터 아파트 인근에 있는 호수를 하루에 1시간 반 정도 걷고 있다. 그렇다고 해서 아직 그 전에 비하여 차도를 느낄 만큼 호전되는 것도 아니다. 다만 마음은

운동을 개시하기 전에 비하여 가볍다. 오늘도 나는 호숫가를 걷는 무리 속에 섞여 나름 열심히 걷는다고 걷고 있지만, 모두가 나를 추월해 버린다.

옛말에 "돈을 잃으면 조금 잃는 것이고, 명예를 잃으면 많이 잃는 것이며, 건강을 잃으면 전부를 잃는 것이다"라고 했다. 말 그대로 건강이 중요함은 확연한 사실이다. 그런데 어쩌랴! 현재는 실제 상황이므로 받아들여야지 다른 도리가 없지 않은가? 그래도 집에 들어서니 등에 땀이 흥건하게 배여 있다.

2) 하루에 부담하는 세금액 집계

2021년 겨울이 지나고 있는 어느 날, 백수 생활 두 달 만에 처음으로 나들이를 했다. 그리고 오늘 나의 동선(動線)에 소요되는 비용이 얼마나 되고, 또 부담하는 세금이 얼마인지를 집계해 보기로 했다.

가) 휘발유에 부과되는 세금

자동차 시동을 켜고 막 떠나려는데 기름이 없다는 경고등이 뜬다. 아파트 인근 주유소로 가 5만 원 어치의 기름을 넣었다. 5만 원의 기름에 무슨 세금이 얼마나 붙을까? 1리터당 오늘의 휘발유 가격이 1,650 원이니, 5만 원 어치 구입하면 약 30리터가 된다. 유류세금은 원유 가격을 기초로 세액이 결정되는 종가세(從價稅)가 아니라, 기름 량(리터)에

〈주유소〉

따라 세액이 결정되는 종량세(從量稅)이기 때문에, 국제유가가 하락하여 국내 유류가격이 내려가더라도 유류세액은 변하지 않는다. 예를 들어 회사의 1/4분기 판매가 1,000개인데 그 판매가격이 합계 5천만 원(부가세 제외)이라고 하자. 2/4분기는 900개 밖에 못 팔았다 하더라도 판매총액이 4천 6백만 원(부가세 제외)이라고 하면 부가가치세는 판매개수와 상관없이 판매금액에 비례하여 각각 10%인 5백만 원과 4백 6십만 원이 된다. 이런 구조의 부가세를 '종가세'라고 한다.

우리나라 대부분의 부가세 품목이 이에 해당한다. 반면에 유류세는 금액과 상관없이 수량에 따라, 즉 1,000리터를 판매했느냐 900리터를 판매했느냐를 기준으로 하여 세금을 부과한다. 휘발유에 대한 세금은 4개의 세목이 연계되어 있는 관계로 복잡한 편이다. 1 리터당 교통에너지환경세는 2022년 3월 현재 529원으로 고정적(종량세)이다. 이 529원에다 15%의 교육세 79.35원(529*15%)과 26%의 주행세 137.54

원(529*26%)이 추가된다. 그런 다음 주유소의 휘발유 구입원가, 주유소 마진, 유류세 745.89 (=529+79.35 +137.54) 원을 합한 전체 금액에 다시 10%의 부가가치세(VAT)를 가산한다. 그것이 자동차 운전자에게 판매하는 소비자 가격 1,650원이 된다. 그러다 보니 휘발유 1리터당 1,650원을 역산으로 계산하면 부가가치세가 150원(=1,650/11)이고 유류세가 745.89 원이므로 휘발유 1리터당 세금은 895.89 원이고, 이는 소비자가격 1,650원 중 약 54%의 비중이다. 배보다 배꼽이 더 큰 셈이니, 자동차는 기름으로 달리는 것이 아니라 세금으로 달린다고 해도 과언이 아니다. 50,000원 어치 휘발유로 1주일을 운행한다면 자동차 구입시 납부한 취득세와 등록세 그리고 매년 납부하는 자동차세를 제외하더라도 하루에 3,857원(=27,000/7일)의 세금을 부담한다.

나) 병원 진료비

며칠 전에 허리 때문에 대학병원에 갔으나 별로 도와줄 것이 없다 한다. 그러나 몸이 불편하므로 한의원을 찾아갔다. 출근시간이 지난 뒤라 차량은 시원하게 달린다. 한의원에선 추나요법(推拏療法), 침, 뜸 등의 방법을 혼용하며 치료를 한다. 총 진료비 중에서 환자 부담액은 15,000원으로 비교적 저렴한 편이다. 병원 진료에는 부가가치세가 붙지 않기 때문이다. 이를 부가가치세 면세품목(免稅品目)이라고 한다. 주로 국민의 기초 생활과 직결된 진료, 교육, 농산물, 수돗물 등의 품목이다. 부가가치세가 붙지 않기 때문에 그만큼 소비자 가격이 저렴하게 된다. 일반적인 상품의 구매나 용역을 제공받을 때에는 10%의 부가가치세를 가산하는데 이를 과세품목이라 하여 면세품목과 구분한다. 예를 들면 옷을 22,000원에 사게 되면 가게 주인의 판매수입은 20,000이고, 그 10%인 2,000원은 소비자를 대신하여 가게 주인이 국가에 세금을 납부하여야 한다.

다) 점심 식사 비용

약 2시간 정도의 치료를 받고 병원 문을 나서니, 어느 덧 점심시간이 되었다. 한의원 앞에 맛있는 설렁탕집이 있다기에 찾아 갔다. 가격표에는 8천 원으로 되어 있는데, 이 역시 10%의 부가가치세가 포함된 금액이다. 따라서 식당주인은 8천원에서 11분의 1인 723(=8,000/11) 원을 부가세로 뺀 7,273원이 매출이 되고 7,273의 10% 723원은 소비자로부터 받아서 세무서에 납부해야 부가가치세가 된다. 소문난 설렁탕집이라 그런지 맛이 있다. 특히 설렁탕과 함께 나오는 김치 맛은 과연 일품이었다.

라) 기료(바둑)

점심을 먹은 뒤 오랜만에 친구들과 바둑을 두기로 한 기원으로 가기 위해 지하철역으로 향했다. 65세가 넘었으므로 지하철 요금은 공짜다. 65세가 되기 전에는 '적어도 70세가 되어야, 지하철 무료 승객 자격이 있는 거야!'라고 푸념했는데, 내가 65세가 되어 공짜승객이 되고 보니 아이러니하게도 더 이상 그런 주장을 하지 않게 된다.

지하철 승객 중 합법적인 공짜 승객들이 요금을 낸다면 지하철공사

〈기원의 기료에도 부가가치세가 붙는다〉

의 경영적자는 없어진다는 말을 들었을 땐 미안한 생각이 든다.

최근에는 젊은 사람들이 좋아하는 전자 게임의 종류가 많이 개발되어, 10년 전에 비하여 기원의 수가 반 정도로 줄어들었다. 기원에 들어서니 약속한 시각보다 분명 빨리 도착했건만 친구들이 이미 모두 와 있었다. 3전 2승으로 그런대로 오늘의 전적은 좋은 편이다. 기료는 패자가 내는 것이 일반적이나 오늘의 이 기분을 살려 기료 24,000원은 내가 납부하기로 하였다. 이 기료에도 부가가치세 10%가 포함되어 있다. 21,818원이 기원의 수익(매출)이고 2,182원이 부가가치세다.

마) 저녁 회식

날씨가 금방 비라도 내릴 것 같은 조짐이다. 친구들과 기원 1층에 있는 고기 집으로 갔다. 삼겹살과 소주 그리고 밑반찬으로 가득한 식탁은 풍성하다. 나는 술이 약하지만 오랜만에 갖는 자리라 사양하지 않고 술잔을 비웠다. 우리 친구들은 일상 이야기로 시작해서 다른 친구들의 근황 얘기로 오가며 이야기 꽃을 피웠다. 식사에도 10%의 부가가치세가 붙는다. 식당을 나설 때 식사대는 다른 친구가 스폰을 했다. 대략 80,000 정도인 것 같다. 식당의 매출액은 72,727 원이고, 부가가치세가 7,273 원이다.

참고로 술 자체의 세금 계산 구조는 복잡하다. 가령 소주의 경우 생산업자 입장에서 보면 생산원가에 마진을 가산하여 내부가격을 정한다. 이 내부가격에 주세가 붙는다. 주세는 술 종류에 따라 다르다. 소주 1병의 공장도 출고가액이 1,280원이라면 공장에서의 원가와 마진을 합한 내부가격이 576원이 된다. 여기에 72%의 주세 415원과 교육세가 주세의 30%인 173원이 된다. 그리고 이들을 모두 합한 가격 1,164원 (= 576+415+ 173)의 10%인 부가가치세 116 원이 붙는다. 그래서 출고가격이 1,280원(=1,164 +116) 이 된다. 이 중에 세금은 704원(= 415 +173 +116)이나 된다.

그러다 보니 서민들이 마시는 소주라지만 출고가액의 55%인 704원이 세금이다. 특이한 것은 교육세이다. 교육세는 교육에만 사용해야 하는 용처가 정해진 목적세로서, 주세, 담배소비세, 교통세와 같은 세금에 더부살이로 징수하는 세금이다.

예금이자 소득에도 따라 붙긴 해도, 교육과 동행한다고 보기 어려운 담배나 술에 붙는다니 아이러니하다. 다시 말하면 담배나 술을 많이 선호하면 할수록 그만큼 교육세를 더 많이 납부하게 되어 교육에 간접적으로라도 기여하는 세금이란 말이다.

3) 세금 종합

이상으로 특별히 시장을 보거나 고액을 집행하는 날이 아닌 통상적인 날인데 내가 국가에 세금으로 기여한 금액을 환산해보니 아래 표와 같이 총 5,765 원으로 집계 된다. 휘발유 구입에 대한 세금구조는 앞의 표와 같다.

때	구분	금액	1일 1인당 세금 부담액	
아침	2) 휘발유 구입	50,000	27,000/7일=	3,857
오전	3) 한의원 진료	10,000	-	-
점심	4) 점심 ; 설렁탕	8,000	/11	727
오후	5) 기원 기료	24,000	/11 /4인=	545
저녁	6) 저녁회식; 삼겹살, 소주	28,000	/11 /4인=	636
		하루치 세금 합계		5,765

통상적인 하루 분의 세금이 이 정도면 1개월분은 172,000 원으로 추정되고, 1년이면 약 2백만 원이나 된다. 물론 이 속에는 1년에 한번 내는 종합소득세나, 케이스별로 발생하는 양도소득세 등은 제외된 일상적으로 부담하는 금액이다.

하늘도 내 마음을 알고 있다는 듯 집에 도착하기 전 기어이 비가 억수같이 쏟아진다. ●

4.3 세금을 마시고 피우다

1) 30년 만에 재회한 대학 동창

가) 어제도 본 듯한 모습

무더운 여름 더위가 마지막 기승을 부리던 어느 날, 반가운 전화가 걸려왔다. 고향은 다르지만 같은 시골 출신이라 대학시절에는 꽤 친했던 동기생이었다. 졸업하고 결혼을 한 뒤에도 왕래가 자주 있었다. 그러던 중 친구가 해외 근무를 하게 되면서 소식이 끊어졌다. 친구는

〈연세대학교 본관〉

몇 사람을 수소문한 끝에 내 연락처를 알게 되었다며 시간이 되면 식사나 하자는 것이다. 나는 반갑기도 하고, 딱히 급한 용무가 있는 것도 아니어서 바로 동네 근처에서 만나보기로 했다.

친구는 멀리서 봐도 금세 모습을 알아볼 수 있어서, 누가 먼저랄 것도 없이 서로 손을 흔들어 보였다. 몸집이 좀 난 것처럼 보였으나 얼굴은 20년 전 모습 그대로였다. 일단 가까운 카페로 갔다. 친구는 해외에 오래 근무한 경험을 살려 심심풀이로 무역업을 조그맣게 한다고 하지만, 재미가 제법 쏠쏠한 눈치다. 가족의 안부며 대학 때의 추억 등 이런저런 얘기를 하다가 바둑으로 화제가 옮아갔다.

나) 바둑 시합

"너 그때 기억나니? 우리가 바둑 두다가 강의에 결석한 것 말이야!"

"그럼 기억나고말고. 이제는 다 옛 추억이 됐네 그려."

"그런데 너 요즘도 바둑 두니?"

"당연하지!"

"오랫동안 해외에 있었는데 어떻게 바둑을 둬?"

"해외도 사람 사는 방법은 마찬가지야. 바둑을 자주 둔 것은 아니지만 해외까지 바둑판을 들고 오는 열렬한 애기가도 간혹 있거든. 그런데 옛날에 너는 나보다 두 수 정도 아래였잖아."

"그땐 그랬지. 지금은 안 그럴지도 모르지."

"정말? 아직 저녁 시간까지는 좀 이른 것 같으니까, 그럼 한 수 해볼까?"

"나야 대환영이지. 도전하는 입장이니까."

막상 기원을 찾으려니 잘 보이지 않는다. 겨우 낡은 건물 2층에 있는 자그마한 기원을 발견했다. 사회의 흐름을 반영이라도 하듯 흡연실과 금연실이 구분되어 있다. 흡연가인 친구는 비흡연가인 나의 눈치를 살핀다. 나는 비록 흡연가가 아니지만 담배 냄새가 싫은 정도는 아니어서 흔쾌히 흡연실에 자리를 잡았다. 평일이라 그런지 한쪽 모서리에 바둑을 두는 두 사람을 제외하곤 텅 비어 있다. 흑백을 가리니 내가 흑선(黑先)이었다. 한 30여 수를 뒀을까, 친구는 달라진 나의 실력을 보고 놀라는 기색이다. 옛날 생각을 하는지 연신 고개를 갸우뚱거리며 담배를 입에 문다. 판이 거듭될수록 거의 줄담배다. 친구의 줄담배에도 불구하고 내가 3:1로 이겼다.

2) 세금을 마신 사나이

가) 주세(酒稅)

기원에서 나와 식당으로 자리를 옮겼다. 주량이 나보다 센 친구는 저녁 값을 계산하겠다고 미리 못을 박는다. 오래간만에 이야기를 나누다 보니 테이블에는 빈 술병이 빠른 속도로 쌓인다. 둘 다 취기가 약간 오른 상태가 되었다.

"너, 그 동안 모교를 위해 고생 많이 했다고들 하더구나! 대신 돈은 많이 못 벌었겠지만 그래도 보람은 있겠지?"

"보람은 무슨 보람? 오히려 허탈하구만…"

〈술의 다양한 종류〉

"그래도 내가 들어보니, 네가 대학 행정에 기여를 많이 했다고들 하던데…"

"너야 말로 교육 자체는 아니지만 교육에 많이 기여했고, 지금도 확실하게 기여하고 있는데 뭐."

"그게 무슨 소리야? 너 요새 강의하더니만 선문답도 잘 하네."

"알고 싶니? 가르쳐 줄까?"

"그래, 잘 됐다. 얼마나 잘 하는지 들어보자."

"그건 말이야, 네가 마시는 술에는 세금이 많이 붙는다는 거야."

"양주에 세금이 더 많이 부과되겠지?"

"대부분 사람이 그렇게 알고 있지. 아니 그렇게 되기를 기대하지. 물론 한때 그런 적이 있었지. 그러니까 요즈음 양주 가격이 싼 것은 순전히 주세율 때문이야. 즉 한때 양주에 붙는 주세가 200%나 된 적이 있었다네. 그땐 양주는 곧 금주(金酒)였지. 지금은 양주보다는 서민들이 많이 마시는 소주와 맥주의 주세율이 더 높단다."

"정말 그래?"

나) 술에 웬 교육세

"소주 회사를 예로 들어 볼까. 생산원가에 마진을 더한 것을 공급가액이라고 해. 그 공급가액에 맥주, 소주, 위스키는 똑 같이 주세를 72%나 붙인다 말이야. 물론 막걸리는 5%야. 그런데 술에는 주세 외에 뜬 금없이 주세의 30%를 교육세로 부과하고 있어. 그런데 이것으로 끝나지 않아. 공급가액에 주세, 교육세를 합한 총금액에 다시 부가가치세 10%를 붙여 공장 출고가가 되는 거야. 요약하면 공장출고가가 1,000원인 소주 한 병은 공급가액 470원에, 주세 338원(주세율 72%), 교육세 101원(주세의 30%), 부가가치세 91원으로 세금 합계가 530원이야. 즉 소주 공장 출고가액이 1,000원이면 세금이 53%나 차지하지. 이 중 교육세는 목적세이므로 반드시 교육 목적으로만 사용해야 하거든. 그러니 그동안 네가 마신 술로 인해 너도 모른 채 교육에 기여한 공로가 큰 셈이지!"

"허허! 술에 교육세라니 참 아이러니하네. 어쨌든 내가 마신 술로 교육에 조금이나마 기여했다니 기분은 나쁘지 않네. 그나저나 네 얘기를 들으니 지금껏 술을 마신 것이 아니라 세금을 마신 거로구나. "

3) 세금을 피웠네

"친구야, 네가 피운 담배는 술보다 더 세금이 많다는 것을 기억하게나."

〈시판되는 담배의 종류〉

"그건 또 무슨 소리야? 너 강의를 한다더니 제법이네 그려."

"담배도 말이야, 술과 비슷해. 네가 피우는 담배 1갑의 값이 4,500원이잖아. 정부가 얼마 전에 담배에 개별소비세를 신설하고 건강증진 부담금 등을 올렸기 때문에 2,500원 짜리가 4,500원으로 되었지. 담배 1갑 당 세금은 내 기억이 맞으면 담배 가격의 73.7%인 3,318원이나 된다. 만약 하루에 한 갑씩 피우는 사람이라면, 1 달에 10만 원 1년에 120만 원의 세금을 내게 되는 꼴이야. 그래도 흡연가는 본인이 세금 낸다는 생각은 안하고, 비싼 담배를 피운다고만 생각하니 정부는 고맙지. 전문 용어로 '조세 저항'이 약하지. 그건 소득세와 같은 직접세가 아니고 간접세라서 그래. 만약 정부가 너에게 소득이나 재산에 대해 월 10만 원의 세금고지서를 더 발부한다면 아마도 네 불만이 크겠지? 그리고 더 재미있는 것은 담배에도 술처럼 담배 소비세의 30%가 교육세로 붙는다는 사실이야. 그 교육세도 별도로 모아 교육시설 등에 투자하는 거야.”

“그렇다면 애주가와 흡연가는 모두 애국자요, 교육에 기여를 하는 사람이로구나.”

“사실, 세금으로만 보면 그렇게 해석하는 게 맞지.”

“그런데 왜 우리나라가 갑자기 흡연가를 죄인 취급하는 거야?”

“나도 그건 네 생각과 동감이야. 규제는 해야 하겠지만 좀 심한 것 같아! 특히 겨울에 비즈니스맨들이 근무 시간에 건물 외곽에 모여 추위에 떨면서 담배 피는 것을 보면 안쓰럽기도 하고 보기에도 안 좋아. 그래서 비흡연가의 권리도 보호돼야 하지만 흡연가의 권리도 생각해야 할 때라고 봐.”

“오랜만에 공부 많이 해 고맙다. 그나저나 시간이 꽤 되었네. 그만 일어날까? 나가자.”

자리에서 일어나며 친구가 혼자 중얼거리는 소리가 좀 떨어진 곳에 있는 나에게도 들렸다.

“허 허 허! 그동안 내가 마신 술은 술이 아니라 세금을 마신 것이고, 내가 피운 담배도 결국 세금을 피운 것이로구나! 재미있네! 재미있는 세상이야! ” ●

4.4 이혼도 힘든데, 세금까지

1) 내 사전엔 이혼이 없다던 친구의 폭탄선언

최근 언론은 매년 우리나라의 출산율은 떨어지고 이혼율은 늘어나고 있다고 보도하고 있다. 자녀를 둔 부모들은 걱정이 많다. 그러나 해결 방도를 쉽게 제시할 수 없는 여건이라 답답하다. 젊은이에게 결혼을 권유하고 싶지만 가정을 꾸리는 것이 경제적으로 녹록하지 않은 것이 현실이다. 축하받으며 백년해로 할 것을 다짐했으나 살다보면 상대방의 단점이 부각되기 쉽다. 참을성도 약해져 굳이 충돌하면서 살기 보다는 편한 길을 찾다보니 이혼율도 높아지고 있다. 물론 당사자들은 "오죽 했으면 이혼을 하겠느냐?"며 할 말이 많은듯 하다. 또 그런 결론에 이르기까지 많은 고민과 번민으로 숱한 밤을 지새웠을 것이다.

"내 사전에 이혼은 없다." 고 큰 소리치던 친구가 있다. 그런데 어느 날 "나, 아내와 헤어지기로 했다."고 했을 때, 난 다짜고짜 화부터 냈다.

"친구야, 난 안 들은 것으로 할래! 미안하지만 둘 사이에 무슨 일이 있었는지 모르지만 그 이유도 듣지 않겠어. 너는 너한테 유리한 얘기만 나에게 할 테니 말이다. 혹시 네가 잘못한 것이 있다고 생각되면 무조건 용서를 빌고, 마누라가 도를 넘는 실수가 아니라면 눈 한 번 감아주면 안 돼?"

"쉽지 않을 것 같다."

친구의 대답은 짧지만 단호해서 이미 결심이 섰음이 강하게 전해진다. 그리고 우리는 서로 착잡한 심정으로 일단 헤어졌다. 그리고 1주일이 지났다. 친구는 도리가 없다며 이혼 절차를 밟아야겠다는 것이다. 누가 봐도 일을 명쾌하게 잘 처리한다고 하던 친구인데, 막상 자기 이혼 문제를 처리하려니 난감한 모양이다. 그래서 평소 존경하는 선배 변호사를 함께 찾아 의논 겸 조언을 듣기로 했다.

2) 선배 변호사의 조언

선배는 우릴 보자 깜짝 놀라며 "네가 이런 문제로 나를 찾을 줄은 꿈에도 생각 못했다."며 후배인 우리들을 위로부터 한다. 이윽고 선배는 비록 딱딱한 법률 용어가 많긴 하지만 이혼에 관한 약간의 설명을 듣는 것이 향후 판단에 도움이 될 것이라며 들어주기를 원한다. 우리는 조용히 고개를 끄덕였다. 차분하게 이어가는 내용은 설명이라기보다 강의를 듣는 기분이다.

가) 이혼의 종류

"민법상 이혼의 종류는 크게 두 가지로, 협의 이혼과 재판상 이혼의 두 가지가 있다네."

① 협의 이혼

부부가 이혼에 합의한 경우를 말하는데, 합의가 이루어지지 않는 경우에는 당사자 일방의 청구에 의해 법원의 재판으로 이혼할 수 있다. 부부 사이에 이혼하려는 의사가 있으면, 법원에 이혼신청을 하고 일정 기간이 지난 후 법원의 확인을 받아 행정관청에 이혼신고를 하면 이혼의 효력이 발생한다.

〈TV조선의 연속극-결혼작사 이혼작곡〉

협의 이혼을 할 때 양육할 자녀가 있는 경우에는 자녀의 양육과 친권에 관한 사항을 부부가 합의해서 정하고, 그 협의서를 이혼 확인을 받을 때 법원에 의무적으로 제출해야 한다. 위자료나 재산분할에 관한 사항도 부부가 합의해서 정하게 되는데, 합의가 이루어지지 않는 경우에는 법원이 당사자의 청구에 의해 정하게 된다.

② 재판상 이혼

협의 이혼이 불가능할 때 부부 중 한 사람이 법원에 이혼소송을 제기해서 판결을 받아 이혼할 수 있는데, 이것을 재판상 이혼이라고 한다. 재판상 이혼이 가능하려면, 배우자의 부정한 행위나 혼인을 계속하기 어려운 중대한 사유가 있는 등 법률조건이 충족되어야 한다. 사유는 6가지이다.

이혼소송을 제기하려면 먼저 법원에 이혼 조정신청을 해야 하는데, 이 조정단계에서 합의를 하면 재판절차 없이 조정이혼이 성립되며, 조정이 성립되지 않으면 재판상 이혼으로 이행된다.

"선배님, 이혼하는 것도 힘든데, 재판까지는 안 하고 싶어요."

"그건 그래. 내가 이 일로 밥을 먹고 살고 있지만, 재판에 들어가면 나도 가슴이 아플 때가 많아! 너 생각 잘 했어!"

나) 위자료와 재산 분할

이혼과 관련하여 독특한 용어가 많다. 즉, 위자료와 재산분할에 대해서는 대부분의 사람들은 구분을 잘 모르고 있는 실정이다.

① 위자료

이혼하는 경우에는 그 이혼을 하게 된 것에 책임이 있는 배우자(이를 유책 배우자(有責 配偶者) 라 한다.)에게 이혼으로 인한 정신적 고통(예를 들어 배우자의 혼인 파탄 행위 그 자체와 그에 따른 충격, 불명예 등)에 대한 배상, 즉 위자료를 청구할 수 있다. 이혼으로 인한 위자료 청구는 재판상 이혼 뿐만 아니라 협의상 이혼, 혼인의 무효·취소의 경우에도 할 수 있다.

부부 쌍방이 혼인 파탄에 비슷한 정도의 책임이 있는 경우에는 그 중 일방의 위자료 청구는 기각된다. 이혼 시 위자료 청구권은 그 청구권자가 위자료의 지급을 구하는 소송을 제기함으로써 청구권을 행사할 의사가 명백하게 된 경우에는 양도나 상속 등 승계도 가능하다.

② 재산 분할

위자료와 재산분할은 다른 개념으로, 위자료는 부부 일방의 잘못으로 이혼하게 되었을 때 피해자의 정신적 고통에 대해 위로하는 것을 목적으로 하고, 재산분할은 혼인 중 부부가 공동으로 모은 재산에 대해 본인의 기여도에 따른 상환을 목적으로 한다. 즉 유책(有責) 배우자도 재산분할을 받을 권리가 있는 것이다. 위자료 청구와 재산분할 청구는 각각 개별적으로 이루어진다.

그런데 친구는 과연 "어떻게 할 것인가?"를 결정하기까지에는 시간이 필요하므로, 오늘은 "일단 일어나자."고 한다. 이에 선배 변호사는 심신이 피곤하겠지만 이상 말한 내용을 구체적으로 결심하려면 재산 분할은 모두 세금과 관련이 있다고 말하면서 그 요지만 간략하게 말했다. 이는 주로 배우자에게 명의 이전하게 될 때의 부동산과 관련된 것이다.

다) 아내에게 명의 이전한 부동산에 대한 세금 문제

① 이혼하기 전 아내에게 명의 이전한 부동산

먼저 아내에게 이혼에 의해 명의 이전한 것이 아니라, 이혼하기 전 아내에게 명의이전하였다면 이는 증여(贈與)에 해당된다. 따라서 증여세 과세대상이다. 그러나 배우자 간 증여는 6억 원까지 증여 재산공제를 받을 수 있으므로 내야 될 세금은 없게 된다는 것이다. 만약 이혼 후 전(前) 부인인 아내에게 대가를 받지 않고 명의 이전한다면 타인 간의 증여이므로 증여 재산공제를 받을 수 없게 된다는 것이다.

② 이혼하는 과정에서 명의 이전한 부동산

이혼남 A씨가 이혼하면서 아파트를 아내에게 명의 이전했다. 취득할 때의 가격은 4억 원이며 공동주택 기준시가는 6억 원이다. 이때 '이혼 위자료' 대가로 주었느냐 아니면 아내의 '재산 분할' 청구에 의해 이전해 준 것이냐에 따라 세금 차이가 있다.

〈재산 분할〉

재산분할 청구권에 의해서 하는 경우 자신의 기여로 형성한 재산을 이혼 시 가져오는 것으로, 결국 본인에게 인정되는 몫을 가져오는 것이기에 자산의 양도나 증여로 볼 수 없다.

〈위자료〉

위자료 청구권은 불륜이나 가정폭력 등을 범한 유책(有責) 배우자가 혼인파탄에 대한 정신적 고통에 대한 배상의 의미이기에, 자산의 양도로 본다. 다만, 이전해 주는 부동산이 1세대 1주택으로서 비과세 요건을 갖춘 경우에는 위자료 지급이라 하더라도 양도소득세가 발생하지는 않는다.

따라서, 이혼하면서 배우자 소유의 부동산을 이전받는 경우, 그 소유권이전 등기 원인이 재산분할인 경우에는 양도소득세가 발생하지 않지만, 등기원인이 위자료인 경우라면 양도소득세 부과 의무가 부여된다.

라) 위장이혼과 세금

현행 우리나라의 양도소득세 및 종합부동산세는 인별 과세가 아니라 세대별로 과세되고 있다. 이를 피하기 위해 서류상 위장이혼을 통해 각각 1주택을 만든 후 비과세로 주택을 처분하거나 이혼으로 인한 재산분할에 따라서 상속세와 증여세를 부담하지 않으려는 경우가 있다. 이때 위장이혼이 적발될 경우 과세 관청으로부터 원래의 세금과 가산세를 더해서 추징 받는다.

하지만 최근 위장이혼 관련 대법원 판결은 먼저 주택 여러 채를 가진 부부가 양도소득세를 피하기 위해 '위장이혼'을 한 뒤 주택을 팔았어도, 법률상 이혼신고가 된 이상 '다른 가구'로 보고 세금을 부과할 수 없다는 대법원 판결이 나왔다. 이혼이 무효라는 점에 대해서 과세관청이 증명하지 않는 이상 조세법률주의 원칙에 기초해 볼 때 사실혼에 대해서 법률혼과 동일하게 과세할 수는 없다는 것이다.

지금까지 법대 강의를 들은 기분이다. 슬쩍 친구의 옆모습을 보니 여전히 비장함이 느껴진다. "이혼만은 재고하라."는 나의 권고를 한 마디로 '싹'을 자르는 듯이 "형, 며칠 후에 다시 찾아 올게요!" 라는 말이 나를 더욱 슬프게 했다. ◆

4.5 유언과 상속

　전통적인 우리나라의 대가족 제도가 최근 중(中)가족 또는 핵가족으로 전환되면서 법적 분쟁도 점점 가족이라는 울타리 내에서 증여, 상속 또는 부모 모시기 등으로 증가하는 추세다.

1) 증여와 상속의 차이

가) 흘러가는 옛 풍습

　필자가 결혼할 당시만 해도 '집들이'란 통과의례가 있었다. 혼인한 신랑 집에 가 결혼을 축하하고 신랑신부가 차려준 음식을 맛있게 먹으면서 직장 내 친목에도 도움이 되는 비공식 모임이자 의례인 셈이었다. 오늘은 같은 직장 선후배가 모이는 집들이고, 내일은 고교동기생 집들이, 모레는 대학 동기생 집들이 등등을 초대하여야 결혼이라는 의례가 비공식적으로 끝나는 것인줄 알았다. 신랑의 활동 범위 능력에 따라 집들이를 많게는 7~8회를 하였으니, 신부의 입장에서 보면 중노동 중에서도 중노동이었다. 이 관행은 아마 2000년도 전후까지 계속되었을 것이다.

〈상속과 증여의 차이〉

나) 상속이란 용어를 잘못 사용하면 불효가 된다.

언젠가 부하 직원이 집들이를 하는데, 들리는 바에 의하면 전세로 입주한 것이 아니라 자가 소유 집이라는 것이다. 나는 민OO 씨의 결혼을 축하하고, 집까지 구입할 정도로 경제적 여유까지 있으니 다시 한번 더 축하한다고 했다.

그러자 민OO 씨는 아무 거리낌 없이, "아니요, 제가 무슨 능력이 있습니까? 부모님으로부터 상속을 받아 구입했지요." 라고 한다.

1개월 전에 결혼식을 했기에 그 새 부모님의 신변에 이상이 없음을 알고 있는 나는 짐짓 모른 채, "그래? 안 되었구나! 부모님은 언제 작고 하셨지?"라고 물었다. 당황한 부하 직원은 내가 말하는 의미를 캐치하지 못하는 것 같았다. 그래서 내가 말했다. 그래서 "'상속'이란 죽은 자(법률 용어로는 피상속인)로부터 재산을 무상으로 받는 것을 뜻하고,

아버님 생전에 무상으로 받는 것은 '증여'라고 하지. 따라서 '증여'라고 할 것을 '상속'이라고 하면 부모님께 큰 죄를 짓는 것이 된다네!" 이 말에 직원은 얼굴이 빨개졌다.

사실 증여 사실을 명확하게 하고 향후 증빙으로도 사용하기 위해서는 문서로 하는 것이 좋다. 증여한 재산은 분배하지 않고 고인이 살아생전에 뜻을 밝힌 대상에게 무상으로 이전된다. 반면 상속은 재산을 주는 자(피상속인)의 사망을 전제로 이전한다는데 차이가 있다.

2) 유언(遺言)과 유언장

가) 유언의 개념

유언(遺言)은 어떤 사람이 죽음에 임박하여 남기는 말이다. 민법 상 유언은 일방적이고(단독행위) 엄격한 형식(요식행위)이 요구된다.

오늘날 사유재산제도를 인정하는 사회구조 아래서는 자기의 재산에 대하여 생전에는 물론 사후에도 그의 의사에 따라 마음대로 처분(재산처분의 자유)할 수 있도록 유언의 자유를 채택하고 있다. 즉, 만 17세가 넘으면 유언을 할 수 있다.

나) 유언의 방식

유언의 방식은 1) 자필증서(自筆證書)에 의한 유언 2) 녹음(錄音)에 의한 유언 3) 공정증서(公正證書)에 의한 유언 4) 비밀증서(祕密證書)

에 의한 유언 5) 구수증서(口授證書)에 의한 유언의 다섯 가지 외에는 인정하지 않는다.

유언은 사람의 최종 의사를 존중하려는 제도이므로 유언을 한 후라도 생전에는 언제든지 자유롭게 그 전부 또는 일부를 철회할 수 있다. 유언 집행의 임무를 담당하는 사람을 유언집행자(遺言執行者)라고 한다.

다) 올바른(법률적으로 인정받는) 유언장 사례

유언서(장)

유언자 정○○(경기도 용인시 수지구 상현로 30-10 광교쌍떼빌 아파트 222동 1501호 거주)는 아래와 같이 유언을 한다.

- 아 래 -

(1) 서울특별시 강남구 개포동 1번지 A아파트 1동 1호는 부인 이○○에게 상속하고,
(2) 서울특별시 서초구 서초동 10번지 B아파트 2동 2호는 아들 정○○에게 상속하고,
(3) 서울특별시 종로구 종로2가 100번지 5층 상가는 연세대학교에 기부하기로 한다.

2022년 6월 9일 (오전 10시)
정○○ (550101-19******) (인)

라) 효력이 없는 유언장

자필증서에 의한 유언(자필 유언)은 유언자가 손으로 직접 쓰는 형식의 유언을 말한다. 유의할 점은 유언자가 유언의 내용, 작성 연월일, 성명, 주소를 직접 쓰고 날인(捺印, 엄지의 지장도 날인으로 본다)하여야 그 효력이 인정된다.

즉, 자필유언의 경우 날인하지 않고 서명(싸인)만 하거나, 주소를 적지 않거나, 작성 년월일을 적지 않거나, 작성 년월까지만 쓴 경우 등은 유언장의 효력이 없다

3) 상속과 유류분제도

가) 유언의 우선 순위와 법정상속

피상속인(사망인)의 유언이 있으면 유언이 우선하고, 유언이 없으면 법정 배분한다. 법정 1순위는 직계비속 및 배우자, 2순위는 직계존속과 배우자, 3순위는 형제 자매, 4순위는 4촌 이내의 방계로 한다. 다만, 배우자는 50%를 추가 가산한다.

나) 기여액 처리

그리고 피상속인(사망자)을 부양한 상속인이 있으면 기여(寄與)액을 계산하여 합의하고 그것은 공동상속액에서 차감하고 난 후의 금액을 배분 대상으로 한다.

〈사례 1〉 법정 상속 배분 건 ; 피상속인이 14억 원의 재산을 남기고 사망했는데 유언도 없었다. 상속인은 배우자, 아들, 딸 3명이다. 각각 받을 재산액은?

→ 각자의 비율 ; 배우자 1+0.5, 아들 1, 딸 1, 합계 3.5
→ 각자의 받을 재산; 배우자, 14* 1.5/3.5 = 6 억원

　　　　　아들,　14* 1/3.5　= 4 억원

　　　　　딸,　　14 * 1/3.5　= 4 억원

〈사례 2〉 기여에 의한 상속재산의 분할 건 ; 피상속인이 20억 원의 재산을 남기고 사망했는데 유언도 없었다. 자녀는 A,B,C 이다. 다만 장남 A가 피상속인을 모신 기여 분으로 2억 원을 상호간에 합의하여 인정한다면 자녀 A, B, C 각각 받을 재산액은?

→ (20-2)/3= 6억 원
→ A ; 6 +2= 8 억 원, B : 6억 원 , C ; 6 억 원

다) 상속 유류분 제도

민법에서 피상속인에게 재산처분의 자유가 보장되긴 하나 상속인에게 무한정 피해를 주는 건 허용하지 않겠다는 것이 유류분 제도이다.

공무원인 이(李)씨의 아버지가 사망하기 전 40억 원에 이르는 대부분 재산을 배다른 동생에게 증여했다. 그중 10 억원 짜리 아파트는 이미

매매로 넘어가기도 했다. 그래서 아버지가 사망하면서 남긴 재산은 없었다. 이런 경우 이 씨는 재산을 한 푼도 받지 못했으니 민법이 보장하는 유류액을 되찾을 수 있다. 유류분을 계산할 때는 동생에게 준 30억 원 상당 재산이 (유류분 계산을 위한) 기초재산이 된다.

자녀가 두 명 뿐이므로 이씨의 법정상속분은 15억원(30×1/2)이다. 직계비속 유류분 비율은 법정상속분의 절반이므로 이씨가 돌려받을 수 있는 상속유류분은 7.5억 원이 될 것이다. 또한 매매로 넘어간 10억 원 짜리 아파트도 실제로는 증여일 가능성이 크다. 만약 이를 증명할 수 있다면 이씨에게 돌아갈 몫은 10억 원으로 늘어날 수 있다. ●

5부

성실한 납세는 애국의 시발점

5.1 상속세 세계1위, 이건희 유산

1) 고 이건희 회장의 생애

가) 마누라, 자식 빼놓고 다 바꿔봐

삼성그룹 2대 회장인 이건희는 1942년 1월 9일 대구에서 태어났다. 하지만 얼마 안 가 어머니 품을 떠나 아버지 이병철 회장의 고향인 경남 의령군의 할머니댁에서 3살 때까지 자랐고, 이후 일본에서 소학교를 다녔다. 그 후 서울대학교 사범대학 부설 중학교 및 고등학교를 졸업하였다. 고등학교 시절에는 레슬링

〈이건희 회장, 홍라희 여사, 장남 이재용,
장녀 이부진, 차녀 이서진〉

을 했다.

삼성그룹의 후계자로 낙점되고 아버지 이병철이 사망한 1987년에 그룹 회장이 되었다. 1993년 6월 '신 경영'을 주창하며, 삼성을 이끌어 유럽과 일본 굴지의 기업들을 제치고 세계 초일류 기업으로 올라섰다. 회장 취임당시 삼성그룹의 연 매출은 10조 원이 안 되었지만 그 후 30년간 경영하면서 삼성그룹의 연매출은 약 400조 원으로 무려 40배 가까이 늘어났다. 그는 경영하면서 임직원들에게 "마누라와 자식 빼놓고 다 바꿔봐."라고 한 말은 유명하다.

나) 1남 2녀의 아버지

가정적으로는 2005년에 유학 간 막내딸이 자살하는 아픔이 있었으며, 본인은 2014년 5월 급성 심근경색이 와서 사실상 혼수상태(coma)가 되어 정상적인 활동을 할 수 없었다. 6년 5개월의 투병 끝에 2020년 10월 25일 78세로 생을 마감했다. 유족으로는 부인 홍라희 여사, 장남 이재용 삼성그룹 부회장, 장녀 이부진 호텔신라 대표이사, 차녀 이서진 삼성복지재단 이사장이 있다.

그는 럭비도 좋아했고 승마도 즐겼다. 재벌 중에서도 소문난 애견인으로 유명하다. 일본에서 살았던 유년 시절에는 영화광이었다고 한다. 이것은 이건희의 인생에 큰 영향을 주었다. 자동차 마니아(mania)로도 유명해 자동차 수집과 운전도 좋아했다. 1982년에 차를 직접 몰고 가다가 교통 사고가 나 대수술을 받아야 했을 정도이다. 그 중에서도 슈퍼카 마니아로 알려져 있는데 2015년의 조사 결과 26억 원짜리로 세상에서 가장 비싸다고 하는 부가티 베이론(Bugatti Veyron)을 포함해서 총 126대의 차량을 보유하고 있었다. 차량 가격을 모두 합치면 총 477억 원에 달한다고 한다.

2017년에는 외아들 이재용이 박근혜-최순실 게이트에 연루되어 구속되었다. 이 때문에 미래전략실이 없어지게 되는 등 위기가 오기도 했지만, 이재용은 2018년 초에 집행유예로 풀려났다가 다시 구속되기도 했다. 이건희 회장은 수원 선산에 안치되었다.

다) 고 이건희 회장의 병상 회고

대한민국 최고 부자인 고 이건희 회장이 병상에서 회고한 녹음파일을 요약한 내용이다.

1. 나는 세상에서 가장 좋은 차를 가지고 있지만, 지금은 병원 휠체어를 타고 있다.
2. 나는 세상에서 가장 비싼 의상을 가지고 있지만, 지금은 병원의 환자복을 입고 있다.
3. 나는 많은 돈을 가지고 있지만, 이 돈으로 내 병을 고칠 수 없다는 것이 원망스럽다.
4. 내 집은 왕궁처럼 크지만, 나는 지금 병원 침대에 의지한 채 홀로 외롭게 누워 있다.
5. 나는 비행기가 있어서 어디든 타고 갈 수 있지만, 지금은 휠체어

에 앉아있다.

6.나에겐 비싼 식품들이 많이 있지만, 지금은 병원에서 약 먹을 물만 마시고 있다.

7. 비행기, 보석, 비싼 옷, 차 등 다 있지만, 지금 내가 사용할 수 있는 것은 아무 것도 없다.

8. 병상에 꼼짝 못하고 누워있는 내가 여러분들에게 해주고 싶은 말은, 사람이 살아갈 때 다른 사람에게 이익이 되게 하고, 타인을 돕는 것이 가장 중요한 인간의 도리이다.

9. 우리 인생은 너무도 짧다. 이 한 생애에 비싼 물건들은 그다지 중요하지 않다.

10. 가장 중요한 것은 타인의 행복을 위해 도움을 주는 일이다. 그들과 함께 나누지 못했던 것이 내 인생에 가장 후회되는 일이다.

이런 메시지를 남기고 그는 조용히 눈을 감았다.

2) 유산 26조 원에 상속세액 세계 1위

가) 지분 상속세율 60%

고(故) 이건희 삼성전자 회장이 유가족에게 26조 원에 이르는 상속 재산을 물려줬다. 삼성 측은 고 이건희 회장의 유지에 따라, 감염병·소아암 등 의료공헌에 1조 원을 기부하고, 미술품 3만 4000여 점에 약 3

조 원에 해당하는 그림을 국립박물관 등에 기증했다.

　따라서 유산 총액 26조 원에서 4조 원의 사회 기부와 장례비용 등을 차감하면 상속세 과세가액이 약 22조 원이 된다. 여기에서 상속공제를 차감하면 상속세 과세표준이 된다. 상속세 과세표준에 세율을 곱하면 산출세액이 계산된다. 상속세율은 1억 원 이하의 경우에 10%이고, 누진세율을 적용하여 35억 원 초과의 경우에는 50%(지분 상속의 경우 최고 60%)이다.

　결과적으로 이건희 회장의 유산 26조 원에 대한 상속세액은 약 12조 원이다. 다만 가업(家業)상속재산의 경우에는 5년 간 연부연납할 수 있으므로 유가족은 연부연납을 신청해 2026년까지 5년간 6회에 걸쳐 상속세를 분납할 계획이다. 그래도 우선 2조 원대의 상속세는 납부해야 한다.

나) 국보급 미술품의 국가 기증

　고 이 회장이 남긴 주요 재산은 주식으로 삼성전자(4.18%)와 삼성생명(20.76%), 삼성물산(2.88%), 삼성SDS(0.01%) 등 삼성 계열사 주식으로 시가 약 19조 원이다. 또 미술품으로 국보 등 고 미술품 1만 1000여 건, 서양화 등 미술품 2만 3000여 점도 있다. 감정 평가액만 3조 원에 이를 것으로 본다. 여기에 부동산과 현금 등 예금성 자산이 4조 원 정도다.

　미술품은 지정문화재 60점과 고지도, 고서 등 2만 1600여 점을 국립박물관에 기증한다. 김환기의 '여인들과 항아리', 박수근의 '절구질하

〈겸재 정선의 인왕제색도〉

는 여인', 이중섭의 '황소' 등 1600여 점은 국립현대미술관 등으로 간다. 2004년 리움미술관 개관식 당시 문화유산을 모으고 보존하는 일에 막대한 비용과 시간이 들어가더라도 "인류 문화의 미래를 위한 시대적 의무"라고 뜻을 밝혔다.

다) 상속세액 세계 1위

이건희 회장의 유산으로 인한 상속세액 12조 원은 세계 1위이다. 이는 세계의 최대 갑부로 알려진 애플(Apple)의 창업자인 스티브 잡스(Steve Jobs)가 2011년도에 남긴 유산이 약 70억 달러(7조 7천억 원)이고, 미국의 상속세율 40%를 적용하면 유족에게 부과되는 상속세는 28억 달러(약 3조 원)로 추산되어 우리나라의 상속세 부담이 어느정도인지를 비교할 수 있는 대목이다. ●

5.2 세금내는 소나무, 석송령

1) 소나무가 인격체로 취급되는 특이한 사례

가) 천연기념물 294호

경상북도 예천군 감천면 천향리 석평 마을 앞에는 오래된 반송이 한 그루 서 있다. 수령이 약 6백여 년이며 높이 10m, 둘레 4.2m, 남북 22m, 동서의 길이는 32m이고, 그늘 면적이 324평이나 된다고 한다.

그런데 이 소나무는 다른 나무에 비해 좀 특이한 점을 가지고 있다. 그것은 이 소나무가 하나의 인격체로 취급받고 있다는 점이다. 즉 이 나무의 성은 석(石)이요, 이름은 송령(松靈)이며, 이 나무 명의로 토지를 소유하고 있는데 예천군 토지대장에 등재된 등록번호는 3750-00248 이라고 한다. 이 대장에 근거하여 종합토지세가 부과되고 또 납부하고 있는 것이다.

이 나무에 대해서는 다음과 같은 이야기가 전해 내려온다. 옛날 어

〈천연기념물 294호 석송령〉

느 여름에 홍수가 져서 풍기 골에서 마을 앞 개천으로 떠내려 오던 어린 소나무를 길 가던 나그네가 건져 개천가에 심었는데 그 나무가 점점 자라서 크고 우람한 고목이 되었다고 한다. 그리하여 마을사람들이 복을 비는 동신목이 되었다.

나) 장학금 주는 석송령

일제시대인 1920년대 말 이 마을에 이수목이란 사람이 살고 있었는데 자식이 없었다고 한다. 그는 자기 재산의 절반인 토지 1,191평을 이 나무에 바치면서 석송령이란 이름으로 등기해 주도록 유언을 했다고 한다. 이 유언에 따라 이 나무가 넓은 땅의 주인이 되었고 동네에서는 부자나무라고 불렀다고 한다.

마을사람들은 석송령을 해치면 큰 벌을 받는 것으로 믿고 있으며 매년 음력 정월 열나흘 날 자시(子時)에 마을에서 뽑은 축관과 제관이 목욕재계하고 정성껏 동신제를 올린다. 또 석송령 소나무가 소유한 토지에서 나오는 수익으로 해마다 이 동네 중고등학생들에게 장학금을 지급하고 있다고 한다.

오랜 세월 땅에 뿌리를 내리고 살아온 나무들은 그 시간만큼이나 오래되고 신기한 이야기가 담겨 있다. 1999년도에 6,270원 내던 세금이 그 동안에 공시지가가 올라 2010년에는 91,210원을 냈다.

자세히 보면 생김새부터 예사롭지 않다는 것을 알 수 있다. 만 개의 가지가 열린다고 해서 만지송이라 불릴 만큼 많은 가지가 뻗어있고 가지마다 용트림을 만들고 있다. 이수목씨는 아들과 소식이 끊어져, 살았는지 죽었는지 알 수가 없어 땅을 처남한테 이전등기를 해 주고, 잃어버린 자식처럼 석송령을 아끼고 사랑하다 세상을 떠났다고 한다.

2) 석송령 나무와 법인

가) 탈무드의 노예는 사람이 아닌 소유의 대상이다

탈무드에 "한 아버지가 남긴 유서"란 것이 있다. 예루살렘에서 멀리 떨어진 곳에 사는 유대인이 아들을 유학 보내고 나니, 노예와 단 둘이 살게 되었다. 그러던 어느 날 그는 중한 병에 걸리고 말았다. 공부하는 아들을 오라고 할 시간적 여유도 없었다. 고민 끝에 아들에게 줄 유서를 썼다. "나의 전 재산을 노예에게 물려주겠다. 아들에게는 나의 재산 중 아들이 갖고 싶어하는 오직 한 가지만을 물려주겠다."

유서를 받은 노예는 환호를 질렀다. "아버지의 장례식을 치르고 나자 홀로 남은 아들은 막막했다. 자신에게는 한 푼도 남기지 않고, 노예에게 전 재산을 준 아버지가 원망스러웠다. 아들은 답답한 마음에 랍비를 찾아가 그동안 있었던 일을 이야기했다. 랍비는 "여보게 젊은이, 자네의 아버지는 정말 현명하시고 그 누구보다 아들을 사랑한 분이셨네."

"그게 다 무슨 소용입니까? 어차피 이제 재산은 다 노예의 것인걸요." 랍비가 혀를 차며 말했다. "젊은이, 아직도 모르겠는가?"

"아버지가 자네에게 재산 중 한 가지를 주겠다고 하지 않았는가?"

당시 노예는 소유권을 가질 수 있는 인격체가 아니었다. 따라서 노예를 소유하는 사람이 노예와 노예가 가진 모든 재물을 처리할 수 있었다. 이 사실을 늦게 깨달은 아들은 아버지의 깊은 뜻에 감동하여 눈물을 흘렸다.

나) 석송령 소나무와 법인

석송령은 일제시대부터 세금을 납부했다고 한다. 그러나 석송령 자체는 나무이지 사람이 아니므로 권리 능력이 없다. 따라서 사람만이 갖도록 되어 있는 권리와 의무의 주체를 인위적이고 법률적으로 부여한

'법인'(法人)이 필요하다.

　법인에는 기준에 따라 여러 종류로 나눌 수 있으나, 영리 추구 유무에 따라 영리법인(우리는 통상 회사라고 부른다)과 비영리법인으로 나뉘고, 비영리법인은 다시 설립목적에 따라 사단법인(社團法人)과 재단법인(財團法人)으로 구분된다. 구성원 회원이 중요한 경우, 즉 한국공인회계사 등은 사단법인이 되고, 장학금을 지급하기 위한 장학재단 등은 재단법인이 된다.

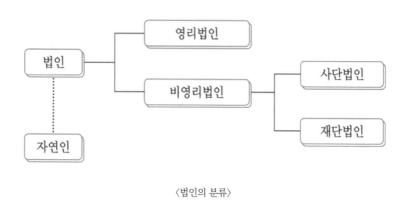

〈법인의 분류〉

　결국 석송령은 노예도 사람도 아닌 나무에 불과하므로, 석송령을 갖는 사람(개인)이나 재단법인이 그 권리능력을 갖게 된다. ●

5.3 조선시대의 조세제도와 대동법

우리 나라가 조세를 원칙적으로 화폐로 납부하기 시작한 것은 갑오경장 이후이다. 원칙이므로 예외가 있다. 오늘날에도 상속재산 금액 구성이 부동산과 주식이 과반인 경우에는 물납(物納)으로 할 수 있기 때문이다.

1) 고려의 조세문란과 멸망

가) 고려의 조세문란과 멸망

우리나라의 조세제도는 중국 당나라 때 완성된 조용조(租庸調) 체계에 따라 삼국시대와 고려시대는 물론이고 조선시대에 이르러서도 시행하였다. 조(租)는 토지의 소득에 부과되는 지세(地稅)이고, 용(庸)은 부역노동이며, 조(調)는 수공업 등 지역 토산물을 징수하는 것이다.

고려 말, 신흥 사대부들이 500년 가까이 지속된 고려 왕조를 무너뜨리고 새 왕조를 건설하기로 했던 이유는 조세제도의 문란이 크게 작용하였다. 지배층은 자신의 욕심을 통제하지 못하여 공전(公田)이나 사전(私田)으로 지정된 땅에 대해서 추가적으로 세금을 거두기가 일쑤였다.

나) 계민수전의 조세개혁

그러니 이성계와 정도전이 국가를 새로 만드는 제1 명분이 바로 토지제도를 개혁하여 조세의 공평성을 확보하는데 있었다. 비록 정도전의 조세 개혁 수준은 몰수한 토지를 백성의 수 대로 나누어 주는 '계민수전(計民授田)' 을 못하였지만, 백성의 세금 부담률은 10%로 대폭 줄였다.

조선 시대의 조세체계는 중국에서 수입된 조용조 체계를 기본으로 하되, 우리 실정에 맞게 조정하고 보완하여 실시하였다.

2) 토지제도의 개혁

가) 과전법

과전법(科田法)이란 좁게는 고려 말인 1391년 (공양왕 3년)에 귀족들의 대토지 소유를 개혁하여 만들어낸 토지의 재분배와 관련한 제도를 가리키며, 넓게는 조선 초에 과전을 지급한 것까지를 가리킨다.

조선시대 과전법 목적은 첫째로 신진사대부 세력이 권문세족의 토지를 몰수하고, 관료에게 수조권을 재분배하여 관료들의 경제 자립을 보장하고, 둘째로 수확의 50%가 일반적이었던 수조율을 대폭 경감하여 국고와 경작자 사이에 개재하는 중간착취를 배제하는 일이었다. 셋째로 과전은 품계(品階)에 따라 18등급(科)으로 나누어 토지에 대한 수조권만을 나누어주었다. 관료는 해당 직무의 보수로 이미 녹봉을 받고 있었기에, 추가의 과전은 신분상 특전이다. 이러한 개혁으로 조선 초의 조세율은 10%에 불과하였다.

세종대왕은 전분 6등분(토지의 비옥한 정도에 따라서 6등급으로 구분하여 세금을 걷는 제도)과 연분 9등급(풍년과 흉년에 따라서 9등급으로 나누어 지역단위로 세금을 걷는 제도)을 적용하여 백성들의 실제 세율은 5%정도였다고 한다.

나) 직전법

지급 대상 인원이 늘어나자, 현직 관료로 있을 때만 수조권을 주는 직전법(職田法)으로 변경하였다. 이렇게 되니 퇴임 후를 걱정하던 관리들이 여러 가지 이유를 들어 더 많은 조세를 제멋대로 거두어 들여서 농민층의 불만과 저항이 크게 나타나게 된다.

다) 관수관급제

직전법의 폐해를 해결하기 위하여 실시한 것이 관수관급제(官收官給制)이다. 즉, 성종 때 관청이 직접 거두어들여 해당 양만큼을 다시 관료에게 지급하는 제도로 변경되었다. 병작반수제(竝作半收制)란 것은 땅의 주인이 농민에게 땅을 빌려주고 그 사용료로 수확한 농작물의 절반을 가져가는 **제도이다.**

그러다가 **이마저도 힘**들어지자, 직전법을 완전히 폐지하고 녹봉으로 대체하여 **지급하게 된다.**

라) 영정법

조선 중후기에 들어서 인조 때는 영정법(永定法)으로 변경하여 세금은 1결당 4두로 **고정하였다.** 그러다보니 국가 재정에 적자가 증대하였다. 문제는 **국가 재정의** 기본이 되는 조세는 농민의 몫이었다. 양반과 중인은 그 **부담에서 면제**되었다.

3) 공납과 군역

가) 공납

공납(貢納)의 경우 왕이나 관료들이 그 지역의 특산물이나 가공품을 진상하게 **하였는데,** 기후나 여건의 변화로 수확량이 감소하거나 특산물이나 가공품 등을 대신 구해다 주는 방납업자와 수령이 결탁하여 생산되지도 않는 **품목을** 부과하여 비싼 값에 구입하여 납품해야 하는 폐단이 생겨났다.

공납은 경제력이 있고 없음에 상관없이 부과했다. 농민들은 여러 가지 수공업제품과 광물 · 수산물 · 모피 · 과실 · 약재 등을 바쳤다. 그러나 물품의 생산지가 바뀌기도 하고, 할당된 공물을 구하기 어려운 경우도 있었다. 따라서 공납은 농민에게 전세보다 더 무거운 부담이었다.

나) 군역

16~60세 양인 남성의 경우 의무적으로 군에 가야했는데, 이를 균역이라 한다. 지금의 군제도와 비슷하였다. 다만, 조선시대에는 양반이나 하층민(노비 등)은 군역에서 면제를 받았다. 따라서 대부분 농민인 성인 남자가 군역에 차출되면 집안에서는 큰 손실이었다. 그래서 다른 남성을 사서 대신 보내는 경우가 많아졌다. 그러다보니 자연히 국방력이 약화되고, 또한 황구첨정(黃口簽丁), 백골징포(白骨徵布), 족징(族徵), 인징(隣徵) 등의 피해가 발생하기 시작했다.

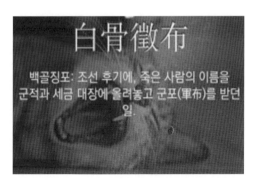

〈백골징포〉

이에 군역을 지는 대신 1인에 군포 2필을 나라에서 거두고, 이것으로 군사를 모집하여 그들에게 녹봉을 지급하는 군포제가 시행되었다. 공납에 군역까지 가중되자, 1인 군포 1필로 낮추는 균역법이 시행되었다. 흥선대원군이 집권하자, 양반에게까지도 군포를 부담하게 하는 호포법이 시행되었다.

4) 대동법(大同法)의 실시

가) 삼정의 문란

조선 후기 세도정치 때는 전정(田政)·군정(軍政)·환곡(還穀:양곡 대여)의 3대 재정행정이 문란하였다. 소설 목민심서에 의하면 당시 농사를 짓는 사람들에게 붙인 세목이 무려 43종이나 되었다고 한다. 춘향전에서 이몽룡은 과거에 급제하고 암행어사가 되어 남원 사또 잔치에 들어가려 했으나 거지꼴이라는 이유로 거절당한 후 한 쪽 귀퉁이에 조용히 밥만 먹고 간다는 조건으로 겨우 들어선다.

사또 나리가 흥이 어느 정도 오를 즈음에 이방이 '시제(詩題)'를 펼치니, 이몽룡도 일필휘지로 시 한 수를 짓고 제출한다.

金樽美酒 千人血(금준미주 천인혈) 玉盤佳肴 萬姓膏(옥반가효 만성고)

燭淚落時 民淚落(촉루락시 민루락) 歌聲高處 怨聲高(가성고처 원성고)

시를 풀이하면 '금항아리의 맛좋은 술은 천사람의 피요, 옥쟁반의 기름진 안주는 만백성의 기름이니. 촛농이 떨어질 때 백성들이 눈물 쏟고, 노래 소리 높은 곳에 원망 소리도 높더라.'라는 뜻이다. 이 시를 보는 순간 사또와 이방들은 어쩔 줄을 모른다. 이때 이몽룡은 "암행어사 출두!"를 외치니 사또와 이방들은 도망가기에 바쁘다. 지은 죄를 스스로 잘 알기 때문이다. 그만큼 세정이 부패하였다는 뜻이다. 특히 지역

〈고을 원님 회의〉

특산물인 조(調) 세금에 원성이 많았다.

나) 대동법의 실시와 확산

대동법 성립 이전에 공물을 받는 측과 내야하는 측 사이에는 정보의 심각한 비대칭성이 존재했다. 어떤 품질 수준의 물품을, 총수량 얼마로 받는다는 규정이 명확히 존재하지 않았기 때문이다. 받는 측에서 정하는 기준은 객관적이지 않아서 투명하지 않았고, 받아들이는 수량 또한 자의적이었다. 대동법은 납부자인 백성과 수취자인 정부 사이의 정보의 비대칭성을 바로잡을 수 있도록 수취수단을 단순화하고, 납부량을 고정했다.

대동법(大同法)은 조선 최고의 제도혁신 사례라고 말할 수 있다. 그것은 1708년에 완료되었다. 대동법은 지역 특산물로 납부하던 것을 쌀 한 가지로 납부하도록 변경한 제도이다. 대동법의 가장 큰 장점은 종전에는 호별로 부과하는 분명한 기준이 없었는데 1결당 쌀 12 두라

는 명확한 과세 기준을 설정했다
는 점이다.

〈대동법실시 기념비, 평택시 소사동140-1〉

대동법은 1608년(광해군 즉위
년) 경기도에 처음 실시된 이후,
1623년(인조 1) 강원도, 1651년
(효종 2) 충청도, 1658년 전라도
의 해읍(海邑), 1666년 함경도,
1678년(숙종 4) 경상도, 1708년
(숙종 34) 황해도의 순으로 100
년 동안에 걸쳐 확대 실시되어,
1894년(고종 31)의 세제개혁 때 지세(地稅)로 통합되기까지 약 3세기
동안 존속하였다.

특히 김육(金堉, 1580~1658)은 영의정을 역임하였는데, 효종·현종
연간에 대동법의 확대 시행을 주장하고 추진하였으며 화폐(동전)의 보
급에도 힘썼다. 한국 최초의 태양력인 시헌력(時憲曆)을 도입하여 양력
사용을 보급시키기도 했다. 또한 임진왜란과 정유재란, 병자호란 등을
겪으면서 피폐해진 민생을 구제하는 것이 우선이라며 어려움을 호소
하였다. 그는 농촌 생활의 안정뿐만 아니라 국가 재정을 튼튼히 하려
고 노력하였으며, 1651년(효종 2년) 그의 건의가 받아들여져 대동법
이 충청도에 시행되었다.

4) 기타

조선 영조대왕(1694~1776, 재위 1724~1776, 53년간)은 나라의 세금과 관련하여 『균공애민 절용축력(均貢愛民 節用畜力)』이라고 강조했다. 이는 "세금은 균등하게 하고 백성  을 사랑하며 씀씀이를 아껴 국력을 축적하자."는 뜻이다.

한편 화폐제도가 어느 정도 정착했던 1894년 갑오경장(甲午更張 또는 일명 甲午改革) 이후 부터는 우리나라도 조세를 그동안 현물로 받던것을 '돈'으로 받기 시작했다. 특히 1895년 1월 7일 조선의 26대 국왕 고종이 종묘에서 선포한 〈홍범(洪範) 14조〉는 한국사 최초의 근대적 헌법이다. 홍범은 '모범이 되는 큰 규범'이라는 뜻이고, 제6조에는 "납세는 법으로 정하고 함부로 세금을 징수하지 못한다"고 규정하고 있다. ●

5.4 이순신을 승리로 이끈 조세 전략

손자병법에 "지피
지기 백전불태 (知彼
知己 百戰不殆)"란 말
이 있다. 그러나 손자
(BC 298~BC 238) 이
후 지금까지 약 2300
여 년 동안 충무공 이
순신 장군을 제외하고
는 어떤 사람도 이를
증명해 보이지 못했

다. 조세와 이순신 장군과는 전혀 관계가 없을 것 같은데, 이순신 승전
의 밑바탕에는 조세 전략, 즉 둔전제 (屯田制)와 해로통행첩 (海路通行
帖)이 숨어 있었다니 놀라울 따름이다.

1) 백전불태의 주인공, 충무공 이순신

가) 손자병법과 백전불태

손자병법 3장에 百戰百勝은 非善之善者也라 不戰而屈人之兵이 善之善者也이니라.(백번 싸워서 백 번 이기는 것이 최선이 아니다. 싸우지 않고 상대 병사를 굴복시키는 것이 최선이다)라고 기술하고, 또한 12장에는 知彼知己면 百戰不殆라 不知彼而知己면 一勝一負이고 不知彼而不知己면 每戰必敗이다. (적을 알고 나를 알면 백번 싸워도 위태롭지 않다. 그러나 적을 알지 못하고 나를 알면 한번 이기고 한번 진다. 적도 모르고 나도 모르면 싸울 때마다 반드시 패한다.) 라고 기술하고 있다.

나) 임진년에만 10전 10승

이순신은 서울의 충무로 건천동 명보극장 인근에서 태어나 13살 무렵 외가인 충남의 아산 현충사 자리로 이사할 때까지 유성룡과도 알고 지냈다. 21살에 결혼하고 난 다음 22살부터 무예를 배우기 시작하였다. 시작한지 7년 만에 과거에 도전하였으나 떨어지고, 32살에 무과에 합격하였다. 43살에 녹둔도(鹿屯島)의 둔전관이 되었는데, 녹둔도를 기습한 여진족을 격퇴했으나 이일이라는 벼슬아치의 무고로 파직당하고 1차 백의종군의 신세가 되었다.

그러나 얼마 후에 공을 세워 복직하고, 다시 정읍현감을 거쳐 47살의 나이로 바다와 인연을 맺는가 싶더니, 임진왜란이 발발하기 1년 전에 여수를 본부로 하는 전라 좌수사가 된다. 임진왜란이 발발하자 육지 전투에선 일본에게 연전연패이나, 바다에선 연승이다. 1592년 한 해만 하더라도 옥포해전을 시작으로 해서 거북선을 실전에 최초 사용한 사천해전 등에서 10전 전승이라는 믿기 어려운 전과를 거두었다.

다) 삼도수군통제사와 백의종군

드디어 1593년 49살에 삼도(경상, 전라, 충청) 수군통제사가 되었으나, "배고픈 건 참아도 배 아픈 건 못 참는다."라는 격언처럼 투서가 빈발하고, "부산포 해전에 출정하라." 는 선조의 잘못된 어명을 거역했다 하여 한성 의금부에 투옥되었다. 목숨을 건 우의정 정탁 등의 상소(신구차)로 다행히 출옥되었으나 백의종군 신분으로 권율 장군이 머물던 경남 초계군(현 합천군의 일부분)으로 내려가 근신한다. 그사이 이순신의 후임으로 원균이 삼도수군통제사로 임명되었으나 칠천량 해전에서 참패하고 원균도 사망했다.

라) 노량해전과 사망, 그 후의 평가

그후 삼도수군통제사로 재 임명받아 명량대첩에서 적의 군함 133척 중 31척을 격침시키고, 남해 노량해전에서도 왜선 200여 척을 격침시켜 대승을 하였으나 의문의 죽음을 당하였다. 사후 우의정으로 추증(追贈)되었다.

세계 해전 역사에 의하면 BC 480년 살라미스 해전, 1588년 칼레 해전, 1592년 한산도 해전 그리고 1805년 트라팔가르 해전 즉, 세계 4대 해전 중에서도 '학익진(鶴翼陣)' 전법으로 유명한 이순신의 한산도

〈백의종군 신분으로 머문 경남 합천군 율곡면 매실마을 입구〉

대첩을 제일로 꼽는다고 한다.

1904년 러일전쟁에서 발틱함대를 대파하여 영웅이 된 도고 헤이하치로(東鄕平八郎)제독도 자신의 전공을 축하하는 자리에서 이순신을 이렇게 극찬했다.

"이순신 제독은 죄수의 몸이 되어서도 애국심을 버리지 않은 진정한 군인이었다. 모함을 받아 일개 사병으로 전장에 나갔고, 다시 장군에 임명되었을 때는 겨우 13척의 배로 133척의 대함대를 격파했다. 동서고금을 통틀어 이순신에 견줄만한 제독은 없다고 생각한다. 나와 비교한다는 건 이순신 제독에 대한 모독이다."

마) 전적과 전적지

이순신의 해전 기록은 전쟁의 범위를 좁게 보느냐 크게 보느냐에 해

〈저자총통〉

전 수의 통계가 달라진다. '불멸의 이순신'을 드라마로 방영한 KBS는 23전 23승이라고 하고, 2008년 출판사 행복한 나무에서 출간한 '이순신 파워 인맥'을 쓴 제장명은 43전 38승 5무라고 한다. 한편 2018년 가디언 출판사가 간행한 '이순신'에서 저자 이봉수는 36전 36승이라고 주장한다.

2) 이순신 장군의 조세 전략

이순신 장군의 승리 비책으로, 거북선과 함께 일본 조총의 사거리 밖에서 적선을 깨뜨리는 화포(火砲)가 있었다. 하지만 전쟁이 화포로서만 해결되지는 않는다. 우선 수군 병사들이 있어야 하고, 이들이 먹을 식량을 공급할 수 있어야 한다. 조선 수군에게 양식을 공급하는 것은 전쟁 초기부터 고민스런 문제였다. 임금인 선조는 일찍이 의주로 피난을

가 버려 조정에 쌀 한 톨 기댈 수 없었다. 때문에 이순신 장군은 자체적으로 이를 해결할 수밖에 없었기에 전쟁 초기에 해안 인근 9개 고을에서 조세를 거둬 식량을 해결하려 했으나, 육군과의 경합으로 승인을 못 받아 자체적으로 해결할 수밖에 없었다. 이렇게 해서 고안해 낸 것이 둔전제와 해로통행첩이다.

① 둔전의 개념

둔전에서 둔(屯)이란 '머무르다'의 뜻으로 주둔지(駐屯地)와 같이 사용되는 한자다. 즉 둔전제란 전쟁으로 임자 없는 땅이 늘어나자, 이를 경작하게 하고 세금에 해당하는 소작료를 받는 방법이다. 이 둔전에는 군 주둔지 내의 땅에 대한 군둔(軍屯)과 군 주둔지 밖의 민둔의 2종류가 있는데 군둔은 6:4로, 민둔은 5:5로 배분하였다고 한다. 흔히 수도와 멀리 떨어진 변방에 군을 주둔시킬 때 사용하는 방법이다.

② 이순신의 둔전제

이순신 장군은 이전에 두만강에 있는 녹둔도에서 둔전을 관리한 적이 있었다. 그는 임진왜란 때 둔전제를 통해 식량을 조달하기로 하고 1593년 선조께 장계를 올려 승인을 받았다. 주로 섬에 피난민을 보내 농사를 짓게 한 뒤 생산된 곡식의 반을 거둬 조선 수군의 식량으로 사용했다. 이 방법을 실시했던 지역은 도양장과 흥양장, 고금도의 황원목장, 여수의 돌산도, 흥선도, 한산도의 해평농장, 고이도, 절이도 등이다.

전쟁 통에 조선 정부는 징세를 제대로 할 수도 없었고, 백성들을 왜군으로부터 지켜 주지도 못했으므로 이들 둔전 설치 지역에서 이순신 장

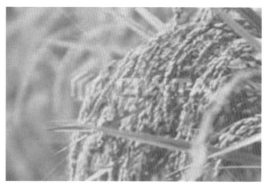

〈이순신의 둔전제〉

군에게 징수권을 넘겨준 셈이다. 이순신 장군은 이 둔전제를 설치한 지역을 안전하게 지켜 냈고, 둔전에서 생산된 곡식이 조선 수군을 승리로 이끈 가장 큰 힘이 되었다.

③ 정경달 장군의 둔전관리

한편 둔전을 관리할 책임자로는 정경달 장군을 임명했다. 그는 이순신 장군이 원균의 모함으로 한양으로 압송될 당시 목숨을 걸고 상소를 올려 구명까지 할 정도로 불의를 보고 참지 못하는 성격의 참 군인이었다.

결과적으로 둔전제를 실시한 것이 7년 전쟁을 승리로 이끈 원동력이 된 것이다. 이처럼 이순신 장군은 역사상 가장 뛰어난 수군 장군인 동시에 오늘날로 보면 조세 전문가이기도 했다.

나) 이순신 장군의 해로통행첩

① 해로 통행첩을 찬성한 어민

전쟁 중에 진을 친 상태에서 군량을 마련하는 것이 얼마나 어려운지는 상상하지 않아도 알 수 있는 일이다. 군사들을 굶길 수도 없고, 그렇다고 백성들에게 식량을 강탈할 수도 없는 노릇이다. '해로통행첩'의 단어에서 첩(帖)의 뜻은 서류를 말한다.

그때 이순신과 그의 참모들은 '해로통행첩'이라는 일종의 바닷길을 다니는 배 통행증을 발급하고, 그 대신 곡식을 걷어 군사들을 먹여살리려고 한 것

〈해로통행첩이 있는 어선〉

이다. 피난선 크기에 따라 큰 배는 곡식 3석, 중간 배는 2석, 작은 배는 1석의 곡식을 내고 통행첩을 얻어 어업 행위를 보장받았다.

당시 많은 피난민들이 자신의 배에 재물과 곡식을 싣고 생명을 지켜줄 이순신의 수군을 따라 이동하고 있었다. 그들은 해로통행첩과 같은 규제에 대해 부담스러워 한 것이 아니라 오히려 반가워했다. 그 결과 이순신의 수군은 무려 1만여 석의 군량을 확보할 수 있었다.

② 일본군 간첩을 구별하는 수단이 된 해로통행첩

해로통행첩의 또 다른 목적은 조선 수군의 입장에서는 어민과 일본

군 간첩을 구별하는 수단이었고, 백성들은 수군으로부터 생명을 보호 받는 방법이었다. 백성의 입장에서는 피난하면서 배에 싣고 다니는 곡식의 일부를 수군에 제공하면 끝나는 간단한 일이다. 게다가 수군이 지키는 안전한 곳에서 농사도 지을 수 있어 백성들은 환호할 수밖에 없었다.

또한 이순신과 수군들은 자신들을 따라온 피난민들을 고금도와 인근 섬에 안착시켰다. 섬이 안정될수록 피난민들은 안전을 위해 더욱 몰려 들었다. 이순신은 그들을 군사인력으로 확보했고, 전선(戰船)을 제조할 인력으로도 활용했다. (난중일기 1597년 9월 20일).

③ 아! 이럴수가!

1597년 2월, 이순신은 삼도수군통제사에서 파직될 때 원균에게 전함 200척, 화약 4,000근, 군량미 9,914석, 대포 300문을 인계해 주었으나, 다시 삼도수군통제사로 재임명받아 가보니 화약이나 군량미는 남은 게 없었다. 어찌 이럴수가 있을까? 사람의 뛰어남은 그 사람이 자리를 비웠을 때 확연히 드러나는 법이다. ●

5.5 광흥창의 세곡에서 인심난다

겨울의 문턱에 선 어느 날 절친의 아들이 결혼한다는 전갈을 받고, 예식장을 알아보니 우리 집에서 비교적 먼 마포구 합정역 근처였다. 그곳을 자동차로 오가자니 정체될 것이 걱정스러워 지하철을 이용하기로 했다.

2019년 12월 중국 우한(武漢)시에서 발생한 바이러스성 호흡기 질환인 코로나19 (corona)는 2022년에도 사회 전반에 막대한 부정적 영향을 끼치고 있으나, 인간도 이에 대응하여 코로나19 백신을 개발하여 접종을 하는 등 코로나 확산 방지를 하다 보니 2021년 하반기에는 잠시 규제가 완화되었다. 금지된 결혼식도 할 수 있게 된 것이다.

〈18세기 정수영이 그린 강원도 원주의 흥원창 조창〉

1) 조선시대의 조운제도

가) 조선 시대의 도로와 통신 상태

조선시대의 통신 및 도로망 수준은 매우 열악했다. 국경에서 외적의 침입이나 긴급한 사태가 발생하는 경우에도 봉수대(烽燧臺)에서 피운 연기로 한양 남산 봉수대에 알리는 정도가 고작이었다. 중앙의 결정사항을 지방에 급히 전하고자 할 땐 역마(驛馬)를 바꿔 타며 가는 파발(擺撥) 정도가 통신 수단의 전부라고 해도 과언이 아니었다.

일반 백성의 교통수단은 오직 두 다리로 걷는 방법 외에는 다른 수단이 없었다. 이처럼 이동과 운송에 한계가 있었던 조선시대였기에 원님, 즉 사또가 관리하는 군(郡) 또는 현(縣)은 오늘날 행정구역인 군(郡) 면적의 2분의 1 또는 3분의 1크기에 불과했다.

나) 광흥창이 뭐지?

오늘날 우리나라의 통신 및 도로망 수준은 가히 세계적 수준이다. 수인(水仁)분당선의 한티역을 출발해 약수역에서 내린 후 다시 지하철 6

호선으로 환승했다. 합정역 가까이 왔을 때 내릴 곳을 놓칠까 봐 미리 좌석에서 일어났다. 안내 멘트가 "이번 역은 광흥창역입니다."라고 한다. 처음 듣는 역이었다. '광흥창(廣興倉)'이라고? 이런 역이 있었나?

다) 조창(漕倉)

① 조창

조선시대에 세금으로 징수한 세곡(稅穀)을 어떻게 한양으로 운송했을까? 지게를 지고 옮기는 것은 효율성이 낮아 생각하기 어렵고, 우마차를 이용하고자 해도 길이 없거나 좁고 고개도 많아 어려움이 많았다. 또 세곡을 노리는 도적들을 방어하는 것도 쉽지 않았을 것이다. 그렇다면 남은 수단은 강이나 바다를 이용하는 방법이다.

조창(漕倉)은 고려와 조선 시대에 한양의 경창으로 조운할 곡식과 포백(布帛)을 보관하던 창고이다. 992년 고려 성종 때 제도를 정비하였는데, 고려가 멸망한 후에도 조선은 이 제도를 계속 이어나갔다. 조창의 기능은 크게 세곡의 수납·보관·운송의 세 가지였으며, '조운창(漕運倉)'이라고도 불렀다.

조창은 주로 해상 교통이 발달한 서해, 남해 및 한강 유역에 설치되었다. 조창의 명칭도 해운을 이용하면 '해운창'이라 했고, 강을 이용하면 '수운창'이라 했다.

② 12개의 조창 운
송규정

조선시대에는 소
양강창, 흥원창, 가
흥창, 삼랑창, 마산
창, 가산창, 영산창,
법성포창, 덕성창, 공
진창, 금곡포창, 조읍
포창의 12개의 조
창이 있었고, 각 조
창에는 종5품 판관

〈조선시대 조운과 조항〉

(判官)이 배치되어 조운 사무를 관장하는데 판관 산하에 조세를 거두고
운송하여 경창(京倉)에 입고시키는 일을 담당하는 색전(色典)이라는 향
리가 있었다. 물론 중앙에서는 감창사(監倉使)를 파견하여 횡령 등 부
정행위를 감시하는 내부통제제도도 있었다.

세곡의 운송 규정은 매우 엄격했다. 30척이 하나의 선단을 유지해야
하고, 역풍이 불어 휴박해야 할 때는 지방 수령은 관찰사와 호조(戶曹)
에 보고한 뒤 임시감독관을 임명해 지켜야 했다. 또 선적량도 충청도와
전라도의 조운선은 800석, 경상도는 1000석 이상을 싣지 못하게 했
다. 이것을 어긴 경우 중벌을 받았다.

2) 광흥창의 세곡에서 인심난다.

가) 포(浦)와 진(津)의 차이

한강의 마포와 양화진은 어떤 차이가 있으며, 비슷한 곳에 영등포와 노량진이 있다. 포(浦)나 진(津)이 붙은 지명은 일단 바다, 강, 호수 등과 접해 있어 배가 접안하는 것은 공통이다. 그런데 포가 붙은 곳은 대체로 어업, 상업용 배가 출입한 항구이고, 진이 붙으면 상업용 배 보다는 전투용 배가 출입하는 것이 주목적이다.

경창(京倉)이라 함은 한양에 설치한 중앙 창고를 말한다. 뱃사공들은 행여 사고가 나지 않을까 걱정을 하면서도 지루함을 달래기 위하여 한강의 마포(麻浦)를 향해 뱃노래, 콧노래, 아리랑 등을 부르며 힘든 노를 저어 갔을 것이다.

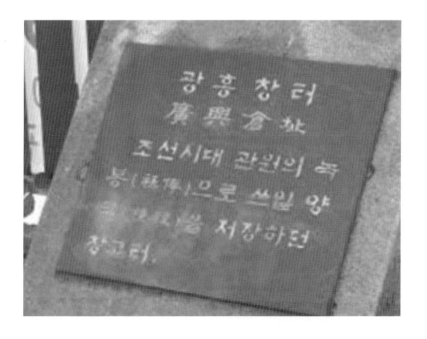

나) 함경도 및 제주도의 조세

함경도 및 제주도도 조세를 분담했으나, 그곳의 조세는 한양의 경창으로 보내지 않고 자체적으로 보관했다가 군량미나 외국 사신의 접대비로 사용했다. 왜냐하면 함경도 및 제주도에는 우리 군사가 상주하고 있었기에, 그쪽의 조세를 경창으로 이동시키지 않고 상주하는 변방의 군량미로 먼저 충당시키고 부족한 경우 한양의 경창에서 보충하였다.

이를 국부론(國富論)의 저자 아담 스미스는 '조세의 경제성 원칙'이라고 했다.

다) 경창(京倉)

12개의 조창에서 거두어들인 조세는 서울의 경창인 군자창(軍資倉)·풍저창(豊儲倉)·광흥창(廣興倉)으로 운송됐다. 여기에서 군자창은 조선시대 군량미를 관리하던 창고를 말하고 비축된 양곡은 대체로 50만 석 정도를 유지했다. 또한 풍저창은 궁중에서 사용하는 미곡을 관장하던 곳이다.

경창의 중심은 합정역 근처 광흥창이다. 조선시대 실제로 창고가 설치된 것은 1410년(태종 10)이었다. 이때 승도(僧徒)들을 동원해 한강 연안의 서강(西江)에 수십 칸의 창사(倉舍)를 지었다.

조운을 위한 배는 강물에서는 바닥이 좁고 길이가 길어 빠른 물살과 좁은 강폭에 잘 적응하도록 만들었으며, 바다에서는 밑바닥이 넓고 평평하며 길이는 짧도록 하여 물에서 보다 안정성이 있도록 하였다. 배가 침몰하거나 지방 관리와 사공들의 결탁으로 횡령이 있을 때는 백성들에게 조세가 추가적으로 부과되었다고 한다.

라) 갑오경장 이후 조운제도의 폐지

그때 세곡을 받는 한양의 나리들은 한양 경창까지 세곡을 땀과 애환으로 운송한 백성들의 고충을 얼마나 이해했을까? 그러나 차츰 상업이 발전되고, 화폐로 세금을 징수하기 시작한 갑오경장 이후부터는 그 조운(漕運)제도 마저도 폐지되고, 각 지역의 조창이나 한양의 경창 건물도 사라졌다.

그나마 '광흥창' 이라는 지하철역 이름이라도 남아 옛날의 제도를 돌아보게 하니 다행이다. 광흥창에 세곡이 그득하면 사회 분위기도 흥이 생기고 여유가 있었을 것이니, 광흥창의 세곡에서 인심이 난다고 볼 수 있다. ●

[하브루타] 24절기가 음력일까 양력일까?

계절	절기	날짜	특징	계절	절기	날짜	특징
봄	입춘(立春)	2/4~5	봄의 문턱	가을	입추(立秋)	8/8~9	가을의 문턱
	우수(雨水)	2/19~20	봄비가 내림		처서(處暑)	8/23~24	더위가 가심
	경칩(驚蟄)	3/5~6	겨울잠에서 깸		백로(白露)	9/8~9	맑은 이슬내림
	춘분(春分)	3/21~22	낮이 길어짐		추분(秋分)	9/23~24	밤이 길어짐
	청명(淸明)	4/5~6	농사 준비		한로(寒露)	10/8~9	찬 이슬내림
	곡우(穀雨)	4/20~21	농사비가 내림		상강(霜降)	10/23~24	서리가 내림
여름	입하(立夏)	5/6~7	여름의 문턱	겨울	입동(立冬)	11/7~8	겨울의 문턱
	소만(小滿)	5/21~22	농사 시작		소설(小雪)	11/22~23	작은 눈 내림
	망종(芒種)	6/6~7	씨뿌리기		대설(大雪)	12/7~8	큰 눈이 옴
	하지(夏至)	6/21~22	낮이 가장 길		동지(冬至)	12/22~23	밤이 가장 길
	소서(小暑)	7/7~8	작은 더위		소한(小寒)	1/6~7	작은 추위
	대서(大暑)	7/23~24	큰 더위		대한(大寒)	1/20~21	큰 추위

우리나라는 중국에서 들어온 음력을 먼저 사용해 오다가, 고종이 1895년 음력 11월17일에 1896년 1월1일이라 공표하여 처음으로 양력을 사용하게 되었다.

1) 양력: 양력 또는 태양력은 지구가 태양을 공전하는 시간을 약 365.25일이라고 보고, 365일 하고도 남는 0.25일을 4년간 모아서 윤년인 2월에 29일이 있도록 하였다.

2) 음력: 지구와 달의 관계에서 달이 차고 기우는데 걸리는 시간(약 29.5일)을 기준으로 만들어진 달력을 태음력(음력)이라고 한다. 때문에 1년 12달의 날짜를 모두 합하면 354일이다.

3) 음력의 차이를 양력이 맞춤: 365일을 기준으로 하는 양력과 11일 차이가 난다. 그래서 3년에 1번 윤달을 더 넣어 양력과 조정하고 있다.

4) 24절기: 음력이 지구와 달과의 관계이므로 햇빛으로 농사를 짓는 것과는 무관하다. 그래서 도입된 것이 양력인 24절기이다.

태양력에서 24절기의 태양의 황도를 24등분한 것이므로 날짜는 매년 거의 일정하다. 원래 24절기는 '몇월 몇일 몇시 몇분 몇초'라는 시점의 개념인데. 그 시점이 저녁이냐 새벽이냐에 따라 날짜가 하루 정도 차이가 날 뿐이다. 다만, 24절기의 명칭은 중국 화북 지방을 기준으로 정했기 때문에, 우리나라기후와는 다소 차이가 난다. ●

6부

잡다한 세금 이야기

6.1 독재자의 탈세

1) 탈세와 절세 그리고 조세 회피

조세란 국가 또는 지방자치단체가 재정을 위하여 아무런 대가나 보상 없이 강제적으로 징수하는 것이다. 아무런 보상 없이 징수당하는 것이기에 납세자는 가능한한 세금을 적게 내거나 줄이려는 유혹을 받게 마련이다. 이 유혹에는 크게 절세(節稅, tax saving), 탈세(脫稅, tax evasion) 그리고 조세회피(租稅回避, tax avoidance)의 3가지 유형으로 나타난다.

가) 조세 회피유형

① 절세

절세란 세법이 인정하는 범위 내에서 합법적으로 세금을 줄이는 행위를 말한다. 예를 들면, 증빙자료를 철저히 챙겨 기장을 투명하게 하거나, 각종 세법규정을 숙지하여 소득공제, 세액공제, 준비금 등을 적극 활용하는 것이다. 이 절세는 아무런 문제가 없다. 오히려 '법 위에 잠자는 납세자'가 되지 않기 위해서라도 적극적인 절세전략을 강구할 필요가 있다.

② 탈세

탈세란 사실을 왜곡하는 등 불법적인 방법으로 세금을 축소하는 것을 말한다. 그 대표적인 방법으로는 수입금액의 누락, 경비의 허위 과대계상, 계약서의 변조 등이다. 매출을 누락하여 탈세한 경우 그 누락 사실이 세무조사에서 발견될 땐 탈세액을 추징당하고 가산세도 추가된다. 그래서 추징액과 가산세를 합하면 매출 누락 총액을 초과할 수도 있다.

③ 조세 회피

조세 회피(租稅 回避)는 통상적인 거래 형식을 따르지 않고 세율이 낮거나 세금이 없는 국가에 가공회사(paper company)를 설립하고서는, 수출을 함에 있어 그 가공회사를 경유하는 것처럼 서류를 만들어 세금이 없는 국가의 가공회사에는 많은 이익이 남도록 하고 본사의 이익이 적어지도록 함으로써 궁극적으로 세금을 적게 납부하려는 행위를 말한다. 우리나라에선 조세회피로 판명되면 정상적인 거래 때의 이익과 비교하여 그 차액에 대하여 이익이 발생한 것으로 가정하여 과세하고 있다.

가) 조세회피 거래 및 탈세 흐름도

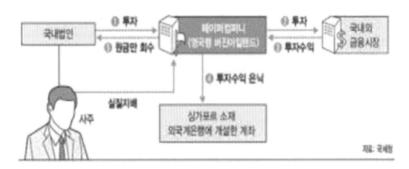

소비자 입장에서는 사업자가 탈세를 하는지, 절세를 하는지 알 수가 없다. 다만 탈세를 방지하기 위해서는 소비자가 영수증을 챙기는 습관을 기르고, 가능한한 신용카드로 결제함으로써 사업자의 거래사실을 투명하게 하도록 할 필요가 있다.

2) 독일 히틀러의 탈세와 축재 이야기

가) 히틀러의 일생

아돌프 히틀러는 1889년에 태어나 1945년 4월 30일 56세에 자살하였다. '희대의 독재자'로 불리는 그는 '단 한 표' 차로 나치(국가사회주의독일노동자당) 당수로 당선됐다. 뛰어난 웅변가였던 히틀러는 제1차세계 대전의 패전국으로 잃어버린 독일 땅을 다시 찾고, 반유대주의를

표방하였다. 히틀러는 군인을 대량
모집하여 취업률을 올렸고, 독일민
족 생존권 수립정책을 주장했다.
그리하여 오스트리아 병합, 폴란드
침공 등을 일으키며 제2차 세계 대
전을 일으켰다.

〈독재자 히틀러〉

　전쟁 중 그의 유대인 말살 정책으
로 인해 600만 명의 유대인들과 집
시, 동양인들과 흑인 그리고 슬라
브인들이 아우슈비츠 수용소의 가
스실 등에서 죽어 갔다.

　전세(戰勢)를 확장하던 독일은 소련과 불가침 조약을 깨고 전쟁을 선
포하지만 스탈린그라드 전투와 북아프리카 전선에서 패배하였다. 또
잇따라 참전한 미국에서도 궁지에 몰리자 1945년 4월 29일 에바 브라
운과 결혼한 뒤 이튿날 베를린의 수상 집무실 지하 벙커에서 청산가리
캡슐을 삼키고 권총으로 자살했다.

나) 히틀러의 탈세와 축재(蓄財)

　히틀러는《나의 투쟁》이란 책의 저자로도 유명하다. 1923년에 그는
123만 라이히스마르크(RM:1949년까지 쓰였던 독일의 화폐 단위)의
수입을 올렸다. 뮌헨 세무 당국은 이에 대해 60만 마르크의 세금을 물
렸다. 그런데 히틀러는 20만 마르크만 납부하고 나머지는 계속 체납(

滯納)한 채 내지 않고 있었다. 국가와 민족을 위해 자신의 모든 것을 바치겠다던 그도 보통 사람들과 같이 세금 내는 것을 싫어했던 모양이다. 그 대신 당시로서는 대단한 사치품이었던 자동차를 구입하고, 비용은 업무용으로 처리하는 꼼수를 쓰기도 했다.

1933년 1월 히틀러가 집권하자 뮌헨 세무서장은 그에게 체납액을 소멸시켜줬다. 한 달 후 그 세무서장은 국세청장으로 승진했다. 반면에 히틀러는 국가예산으로 그의 저서 〈나의 투쟁〉을 구입해서는 국민들에게 뿌렸다. 대신 저작권료나 자신의 초상이 들어간 우표에 대한 초상권료 등은 꼬박꼬박 챙겼다. 또 재무부와의 협상을 통해 급여에 대한 세금도 면제받았다. 대 독일민족의 지도자인 총통이 세금 같은 사소한 문제에 신경을 쓰는 일이 있어서는 안 된다는 이유를 붙여서 말이다.

히틀러는 죽는 순간까지도 자신에게 재산이 거의 없다고 주장했지만, 현재(2020.12.31.기준) 가액으로 환산하면 약 6조 원을 축재한 것으로 추측된다. 이같은 축재에 탈세가 한몫했음은 두말할 필요가 없다.

다) 히틀러가 도입한 원천징수 제도

'원천징수'는 소득금액을 지급하는 자가 소득을 지급할 때 그 지급받는자의 세액을 미리 징수하여 정부에 납부하는 제도이다. 급여를 받을 때 소득세와 지방소득세가 차감된 금액을 받게 되는데 이때 차감된 금액을 원천징수세액(withholding taxes)이라 한다. 미리 차감하는 금액에는 실제로 4대 보험료, 동아리회비 등 다양하다. 원천징수는 소득을 받는 자가 개인이면 '소득세'(이는 개인소득세의 준말이다)로, 법

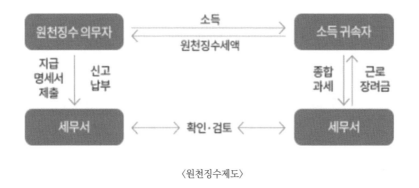

〈원천징수제도〉

인이면 '법인세'(이는 법인소득세의 준말이다) 란 이름으로 징수한다.

  예를 들어 출판사로부터 인세를 100만 원 받는 경우 원천징수할 세금을 계산해 보자. 먼저 인세 총액에서 '필요경비'를 80% 인정한다고 가정하자. 이 뜻은 저자가 책을 완성하기까지는 사람마다 또는 책 내용마다 투입된 노력이 다르지만, 정부는 평균적으로 대략 80%는 소요된다고 보고, 이는 세금 과세대상에서 제외시킨다는 뜻이다. 따라서 형식상의 인세수입 100만 원에서 필요경비율 80%를 차감하면 세무상 과세대상이 되는 순소득은 '20만 원'(=100만 원 – 80만 원)으로 보겠다는 것이다. 이 소득금액에 세율 20%(가정)를 적용하면 국세(國稅)인 개인소득세는 4만 원이 된다. 추가적으로 국세 4만 원에 10%의 지방소득세 4천 원이 더 붙는다. 그래서 출판사는 저자를 대신하여 44,000원을 원천징수 금액으로 차감하고 나머지 956,000원만 지급하는 것이다.(1,000,000 – 44,000 =956,000) 그렇다고 저자의 인세수입을 956,000이라고 하면 안 되고, 1,000,000이라고 해야 바른 의사소통이 된다. 물론 원천징수한 출판사는 후속 절차로 원천징수한 다음 달 10일까지 저자 이름으로 국세로 40,000원, 지방세로 4,000원을 관할 세무서 및 시.구청에 납부하게 된다.

자신은 탈세를 일삼으면서도, 히틀러는 원천징수 제도를 통하여 국민의 주머니는 철저히 털었다. 즉, 1년에 1회 세금을 부과하던 것을 12회로 나누어 매달 월급에서 원천징수하도록 한 것이다. 세무 당국의 입장에서는 세금 탈루도 없애고, 징수도 편리해졌으며, 조세 징수비용도 없는데다 조세 저항도 적으니 일거사득(一擧四得)이다.

나치독일의 동맹국이던 일본도 1941년에 이 제도를 도입했다. 대한민국은 일제(日帝)가 남겨준 행정시스템을 많이 승계했기에, 오늘날 우리나라의 봉급자들이 '유리지갑' 신세라고 한탄하게 만든 장본인도 결국 히틀러인 셈이다.

3) 루마니아 차우세스쿠와 조세정책

가) 차우세스쿠의 생애

그는 1918년 루마니아 남부 농민의 10형제 중 막내로 태어났다. 11살이 되던 해 고향에서 도망쳐 부쿠레슈티에서 살았다. 제화 수습공으로 일했는데, 주인이 공산 당원이었기에, 자연스럽게 공산당원이 되었다. 배우지 못하고 무식했기에 공산주의 사상을 맹목적으로 받아 들였던 것이다.

그러다 스탈린주의에 깊게 빠지고, 공산당 서기장 게오르게 게우르기우데지를 만나면서 독재자의 길을 걷는다. 1965년 게우르기우데지가 사망하고 그의 뒤를 이어서 서기장 자리에 올랐다.

그는 서기장에 오른 후 1974년 헌법에 없던 대통령직을 만들어 스스로 대통령이라 부르게 한다. 그

니콜라에 차우셰스쿠(출처 : Wikimedia Commons)

가 정권을 잡은 후 한때 소련에 저항하고 자본주의 진영과 화해 분위기를 만들기도 했다. 하지만 그는 루마니아 내에서 탄압과 학살을 주도하는 양면성을 보여주었다.

더구나 그가 가장 존경하는 두 인물이 중국의 마오쩌둥과 북한의 김일성이라고 한다. 특히 김일성의 우상화 작업을 본받으려 나라 곳곳에 비밀경찰과 끄나풀을 심어놓기도 하고, 전 국민을 도청하기도 했다는 것이다. 김일성을 너무 존경해 북한의 주석궁과 비슷한 인민궁전을 수도인 부쿠레슈티 한복판에 짓기도 했다. 그러나 민주화가 되던 1989년 12월 25일 대중이 보는 앞에서 독재자이던 그의 최후는 총살형으로 마감되었다.

나) 인구 증가를 위한 차우셰스쿠의 조세 정책

그가 루마니아에 실시한 정책 중 최악의 정책은 인구증가 정책이다.

인구증가 정책 자체는 나쁘지 않지만, 그 방법이 정말 엽기적이었다. 처음엔 낙태와 피임 그리고 이혼을 금지하자, 같이 살기 싫었던 부부들은 별거를 하기 시작한다. 차우세스쿠는 경찰을 동원하여 여자의 배란기 때 부부가 같이 있었는지 조사를 하게 하고, 같이 있지 않으면 세금을 내게 하였다. 40세 이하 여성에게는 아이를 많이 낳도록 하였으며, 낳지 않을 경우 연봉의 20~30%를 세금으로 내야 했다. 아이를 낳을 수 없는 장애인이나 불임인 여성 그리고 고자들에게도 세금을 내게 했다.

이 정책으로 루마니아에 닥친 가장 큰 재앙은 성병(性病)이다. 루마니아 사람들은 강제로 아이를 가져야만 했고 만약 그러지 않으면 굶어 죽게 되었기에 배우자가 성병이 있더라도 관계를 가질 수밖에 없었다. 그러자 루마니아 사람들은 다뉴브 강을 건너 헝가리로 탈출을 시도하였고, 그러한 이유로 인구가 줄어들자 차우세스쿠는 "다뉴브 강을 건너 헝가리로 도망치는 사람들을 모조리 총살하라"고 해 다뉴브 강에서 많은 사람들이 군인들의 총에 맞아 목숨을 잃었다.

루마니아는 아직도 인구 대비 에이즈 환자 비율이 유럽 국가 중에서 높은 나라로 알려져 있다. 그리고 아이들이 모이게 된 곳이 부쿠레슈티의 지하세계이다.

지도자를 잘못 만난 것이 죄라면 죄인 루마니아인들이여! 빨리 평화롭고 아름다운 낙원을 회복하소서! ●

6.2 조세 개혁하려다 무너진 정권들

제정수입의 증대를 위해서 세목을 신설하는 경우 또는 조세개혁을 하다가 예상하지 못한 조세저항으로 정권이 바뀌는 경우가 종종 있다.

1) 부가가치세와 유신 정권의 퇴진

가) 신설 부가가치세제에 대한 저항

1977년 실시된 부가가치세 도입으로 인해 종전의 과세 대상에서 제외되었던 상공인들과 부가가치세제 도입 후 물가상승으로 고통받게 된 서민들의 불만이 컸다.

당시 위정자들은 새로운 부가가치

〈유신 철폐를 부르짖는 민중〉

세제의 적용을 받게 되는 사람을 16만 명 정도로 추정했다. 그들의 조세저항은 이듬해 5월 전당대회에서 '선명야당'을 내건 김영삼 총재가 사사건건 박정희 정권과 각을 세웠고, 그 갈등은 결국 부마사태와 10·26사태로 이어졌다고 평가하는 경우가 많다.

나) 과세유형

부가가치세법상 납세의무의 유형은 과세품목, 영세품목 및 면세 품목의 3가지로 구분된다. 이들 품목을 취급하는 사업자를 과세자, 면세자라고 한다.

① 과세자란 공급하는 재화나 용역에 대하여 소비자로부터 부가가치세를 과세하는 일반적인 사업자로 공급가액에 세율 10%를 받는다. 매입세액(매입 시 부담한 세액)은 그 반대이다. 만약 매출세액이 매입세액보다 크면 그 차액을 신고 납부하여야 하고, 매입세액이 매출세액보다 클 경우에는 환급세액이 된다.

② 영세율은 재화나 용역의 공급가액에 영(0)의 세율을 적용하는 것을 말한다. 따라서 공급가액에 대한 매출(또는 수출) 세액은 0이고, 수출을 위해 국내에서 매입할 때 납부한 매입부가가치세는 전액 환급받는다. 주로 수출하는 재화 또는 외화획득용 용역 등이다.

③ 면세는 재화나 용역을 공급할 때 공급가액에 대한 부가가치세를 면제하여 공급가액을 그만큼 저렴하게 하려는 조세정책의 하나이다.

A사업체의 1/4분기(1.1~3.31)의 순매출액(부가가치세를 제외한 매출액)은 4억 원(수출 1억 원, 내수 3억 원, 단, 수출은 부가가치세 영

세율 적용임) 이고, 동 기간에 재료 등의 구입대금이 2억 5천만 원 (부가가치세 제외)의 세금계산서를 받았을 경우 1/4 분기 부가가치세 납부세액을 계산하면 5백만 원 (내수 3억 원 매출에 대한 10% 부가가치세 3 천만 원 – 매입세액 2천5백만원)이 된다.

2) 스페인을 몰락시킨 알카발라세(稅)

나라를 망친 세금으로 꼽히는 대표적인 사례가 스페인의 알카발라 (alcavala)세이다. 이는 이슬람권에서 비롯된 세금으로 처음에는 부동산과 일부 상품 거래에만 적용되다가, 16세기 후반 필리페 2세 때부터 대폭 확대되었다. 이 세금은 일종의 부가가치세. 현행 한국의 부가가치세가 최종 거래 단계에서 10% 부과되는 것과는 달리, 알카발라세는 거래 단계마다 10%씩 부과되었다.

예컨대 맥주가 양조장에서 도매상, 소매상을 거쳐 가정으로 팔려 갈 때 단계마다 10%씩 세금이 부과되는 경우를 생각해보자. 원가가 1000원인 맥주는 도매상으로 넘어갈 때에는 1100원이 된다. 도매상에서 소매상으로 넘어갈 때에는 1210원, 소매상에서 가정으로 넘어갈 때에는 1331원이 된다. 단계마다 업자가 이윤을 붙이면 그에 따라 세금도 당연히 올라간다. 이러한 과도한 세금은 상공업 발전을 위축시키고 서민들에게도 부담이 됐다.

지리상의 대발견 시대 이후 남미의 식민지에서 착취해 오는 금은(金

銀) 이외에는 다른 산업 기반이
없던 스페인은 이 알카발라세에
과도하게 의존했다. 더 나아가
스페인은 자기들 지배 아래 있
던 포르투갈이나 네덜란드에도
강제하려고 했다.

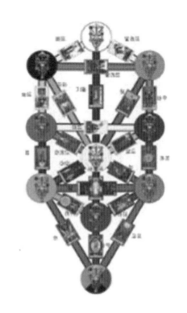

그러나 포르투갈과 네덜란드
는 치열한 항쟁 끝에 스페인으
로부터 독립을 쟁취했다. 이후
스페인은 내리막길을 걷기 시작
했다. 19세기 초 알카발라세를

〈타로카드와 카발라〉

폐지했지만, 이미 약소국으로 전락한 뒤였다.

스페인의 에르난 코르테스나 프란시스코 피사로가 불과 수백명의 병
력으로 아스테카제국과 잉카제국을 정복할 수 있었던 것은 이들이 아
스텍이나 잉카제국의 가혹한 세금 수탈에 원한을 품고 있던 현지 원주
민들과 연합했기 때문임을 잊고 있었다.

3) 주민세 도입으로 사임한 대처 총리

1990년 봄, 영국에서 전국적인 격렬한 국민 시위가 벌어졌다. 이 시
위의 발단은 인두세(Poll Tax)인 주민부담세(Community Charge)의

〈영국의 대처 총리〉

지방세 개정이었다. 영국의 1990년 이전의 지방세는 레이트(rates) 제도이다. 이 과세방식은 건물의 소비에 대해 사용자가 부담하는 간접세이다. 레이트의 과세표준은 주택, 점포, 사무실, 공장 등 과세대상 부동산의 연간 임대가치이다.

대처정부는 지방정부의 과다 지출을 통제하기 위해서는 주민세 제도가 바람직하다고 판단하였다. 즉 지역 유권자가 직접 부담하는 인두세를 부과하면 유권자들은 공공지출의 증대가 자신들의 부담으로 돌아온다는 것을 인식하게 된다. 그 당시 유권자의 수는 3,500만 명에 달했으나 레이트 납부의무자는 1,800만 명이었고 이중 300만 명은 전액 환불을 받았다. 저소득층이 실질적으로 레이트를 납부하지 않아, 공공서비스에 대한 비용을 부담하지 않고 있다는 것이다. 따라서 인두세를 부과하여 수익 부담의 원칙을 달성하고자 하였다.

하지만 인두세는 빈익빈 부익부의 폐해를 초래하는 역진성을 내포하고 있었다. 주민세는 소득이 많아질수록 부담세율이 낮아지는 소득 역진적 조세였다. 당시의 인두세 성격의 주민세 도입으로 인한 격렬한 국민적 조세저항은 소득이 많은 자가 세금을 당연히 더 부담해야 한다는 기본원칙이 무너진 것에 대한 분노였다. 1990년 인두세에 대한 저항으로 수상이 된 지 11년 째였던 대처수상은 전격적으로 사임하게 된다.

4) 1993년 캐나다 진보보수당의 몰락

캐나다의 브라이언 멀로니(진보보수당) 총리는 재정적자를 메우기 위해 부가가치세 도입을 강행했다가 1993년 총선에서 156석이던 의석이 2석으로 줄어드는 기록적인 참패를 당하고 몰락했다. 캐나다의 진보보수당은 1984년 선거에서 169석을 얻어 집권했다. 진보보수당이 각종 개혁입법을 주도한 후 연방부가세를 도입하는 조세개혁을 1991년 단행하자 여론이 급격하게 악화되고 급기야 1993년 선거에서 겨우 2석 당선이라는 참패를 기록했다.

진보보수당은 몰락하고 다른 정당과 연합하여 보수당으로 개편된다. 먹고 사는 문제에 있어 유권자가 그냥 넘길 수 없는 선이 있고, 그 선을 넘으면 열렬 지지자를 잡아 두기 어렵다. 먹고 사는 문제가 크게 위협을 받는다고 생각하면 인간은 분노하게 된다.

5) 1996년 일본 민주당의 몰락

2009년 일본총선은 정치적으로 가히 혁명적이라고 할 수 있는 변고가 일어났다. 54년 집권의 막강한 자민당이 1996년에 결성된 민주당에 참패한 것이다. 자민당의 영구 집권론이 나돌던 때여서 그 충격은 더 컸다. 민주당의 뜻밖의 승리는, 자민당의 장기집권에 대한 국민들의 염증과, 민주당이 내 놓은 선거공약이 표밭인 서민들의 마음을 움직였기 때문이었다.

월 2만 6000엔의 아동수당지급, 공립고등학교의 무상교육, 비싸기로 소문난 고속도로의 통행료 무료화, 월 7만 엔의 최저연금 보장, 75세이상 고령자에 대한 무상의료 등, 후진적인 포퓰리즘이라는 강한 비판도 있었지만 장기불황에 시달리던 서민들은 열광했다. 집권초 민주당의 지지율은 70%가 넘었다. 그러나 불과 39개월만에 민주당정권은 붕괴되고 2012년 총선에서는 57석의 초라한 규모로 전락했으며 지금은 당명조차 남아있지 않다. 포퓰리즘 공약과 정책은 성공할 수 있는 한계가 있다.

동서양을 막론하고 세금은 대가없이 징수하는 것이므로 본질적으로 반발을 유발하기 쉽다. 중국의 당나라가 멸망하게 된 것도 국가에서 소금을 독점관리하고 높은 세금을 매길 가능성이 높다. 이 밀매 조직이 "황소의 난"을 일으키고 이는 당나라 멸망으로 연결되었다고 한다. ●

6.3 십일조의 교회세 변천

십일조(Tithe)는 구약시대 유대교 율법에서 연유한 것으로, 땅으로
부터 얻은 수확물 중 10분의 1을 여호와께 바치는 행위이다. 국가가
가톨릭이나 개신교 등 종교단체를 대신하여 교회세를 징수하는 것은
십일조의 전통에서 뿌리를 두고 있다.

〈미국의 레이크우드 교회〉

1) 십일조의 종류와 사용

가) 십일조의 의무화

초기의 십일조는 신자들의 자발적인 신앙행위로 여겨졌으나, 점차 강제화되었다. 8세기 카롤링거왕조(Carolinger王朝)의 칼 대제는 크게 영토를 넓혀 '서로마 제국 황제'라는 칭호를 얻었는데, 칼 대제에 의하여 십일조가 의무화되었다.

나) 십일조의 형태

십일조는 부과자인 교구사제(Rector)에게 가는 대 십일조와, 업무를 보좌하는 보좌신부(Vicar) 등에 가는 소 십일조로 구분된다. 통상 전자는 곡물이나 건초, 나무와 같이 땅으로부터의 수확물이 많고, 후자는 그 외의 나머지가 해당된다. 이런 십일조는 기본적으로 성직자의 급여지원, 교회 유지관리 그리고 빈민구제의 목적에 사용되었다.

2) 십일조의 폐지와 교회세로의 변천 형태

십일조는 이후 농민들에게 강제징수에 대한 불만 등 다양한 문제들에 직면하게 되었다. 그리고, 십일조는 다양한 형태로 변형 발전하였다. 크게는 프랑스와 같은 전면적인 폐지형태, 영국과 같은 보상을 통한 폐지 형태 그리고 교회세로의 변천 등 3가지로 구분할 수 있다.

가) 프랑스의 십일조 폐지 형태

〈독일의 쾰른 대성당〉

프랑스 대혁명 때 가톨릭은 막강한 권한과 재산을 보유하고 있었다. 교회는 십일조를 징수할 뿐만 아니라, 프랑스 영토의 약 4분의 1을 보유하고 있었다. 때문에 성직자들은 귀족과 함께 혁명의 대상이 되었다. 이에 1789년 프랑스 대혁명은 교회가 십일조를 받는 것을 폐지하고, 귀족들의 봉건 특권도 폐지하였다.

나) 교회세로의 발전

2012년 9월 독일의 가톨릭 주교회의는 "교회세를 납부하지 않은 자는 더 이상 가톨릭 교인으로 인정받지 않는다."라고 발표했다. 독일외에 이탈리아, 오스트리아, 스웨덴, 스위스, 덴마크, 핀란드 등 여러 국가가 다양한 형태의 교회세를 납부하고 있다.

예를 들면 독일의 경우 소득세 신고서에 본인의 종교를 신고하면 소득세의 8%~9%를 교회세로 납부하게 된다. 이탈리아의 경우에는 납세자가 특정 종교를 선택하지 않는 경우 그 세수는 국가로 귀속되어 사회

〈1077년 카노사의 굴욕〉

사업에 사용되고 있다. 스위스의 경우에는 법인도 교회세가 징수된다.

다) 카노사의 굴욕

카노사의 굴욕(Road to Canossa)은 1077년 1월 28일, 신성로마제국의 하인리히 4세가 자신을 파문한 교황 그레고리오 7세를 만나기 위해 이탈리아 북부의 카노사 성으로 가서 용서를 구한 사건을 말한다. 교회의 성직자 임명권인 서임권(敍任權)을 둘러싸고 독일왕과 교황이 서로 대립하던 중에 발생하였다. 교황 권력이 황제 권력보다 우위에 서게 되는 전환기에 벌어진 상징적인 사건이라 할 수 있다.

3) 교회세에 대한 장단점

장점으로는 능력에 따른 부담이 이루어지기 때문에 공평하다는 점을 들 수 있고, 많은 사람들이 나누어 부담하기 때문에 일부 부유한 사람들에 의존하지 않고 또 지원의 사용처도 누구의 영향을 받지 않는다는 점이다. 또한 징수 과정이 간단하다.

단점으로는 우선 세금으로 강제성을 띠고, 제반 정치적 결정들이 결국은 교회에서도 영향을 미치게 된다는 점이다. 아울러 자신의 종교를 명확히 밝혀야 한다는 것이다.

(원윤희 저, 역사속의 세금 이야기, pp.139~156을 발췌, 박영사, 2019) ●

6.4 어느 사장의 회계와 세무 도전기

대기업 영업부에 10년간 근무하다 독립하여 이제 어엿한 중소기업을 운영하고 있는 박 사장은 모두가 불경기라고 아우성인데도 오히려 매출을 신장시켰다. 이렇게 된 데에는 그의 타고난 성실성과 제품 기술력 그리고 인맥이라는 3박자의 구색이 맞았기 때문이다. 박 사장은 올해가 가기 전에 "직원들에게 상여금도 지급하고, 어머님이 다니는 양로원도 후원해야겠다"고 생각하니 콧노래가 절로 나왔다. 거울을 보다 "나 정도면 괜찮은 놈이야!" 라며 나르시시즘에 젖어드는 자신을 발견하고 또 한 번 겸연쩍게 웃었다.

그러나 그런 박 사장도 말 못하는 아킬레스가 하나 있었다. 숫자만 나오면 정신이 멍해지는 것이다. 123,456을 읽는데도, 바로 읽지 못하고, 뒤에서부터 손가락으로 더듬거리면서 일, 십, 백, 천, 만, 십만 하면서 읽는 버릇이 있을 정도다.

1) 왜 숫자는 3자리마다 콤마(,)를 표시하는가?

가) 인도-아라비아 숫자

오늘날 우리가 쓰는 1, 2, 3, 4 등의 숫자는 인도에서 발명되어 아라비아 상인을 거쳐 유럽으로 전파된 것이기에, 인도-아라비아 숫자라고 한다. 인도-아라비아 숫자는 Ⅰ, Ⅱ, Ⅲ 등의 로마 숫자나, 一, 二, 三, 四 등의 중국 숫자에 비하여 쓰기가 쉽고 편리하다. 더 중요한 것은 0(zero)을 발명하여, 이를 십진법(十進法)으로 정립했다는 점이다. 십진법은 우리의 손가락 발가락 개수와도 일치하여 친근감을 줄 뿐만 아니라, 높은 단위의 숫자를 쓰는데도 매우 편리하다.

나) 영미계통의 숫자 구분

숫자가 커지면 이를 알기 쉽게 구분하는 것이 필요하다. 영미 계통은 Thousand, Million, Billion, Trillion에 맞춰 3자리마다 콤마(,)로 구분한다. 가령, 10억 원은 1,000,000,000원 처럼 표시하고, 1,000백만 원 또는 1,000,000천 원 등으로 줄여서 표기하기도 한다.

우리에겐 다소 어색한 표현이다. 세계 경제를 이들이 주도하면서 우리는 이를 따를 수 밖에 없는 것이 현실이다.

다) 동양 계통의 숫자 구분

우리나라와 중국 같은 동양권에서는 수를 나타낼 때 만(萬), 억(億), 조(兆), 경(京)이라고 했기 때문에 4자리마다 콤마(,)로 구분하는 것이

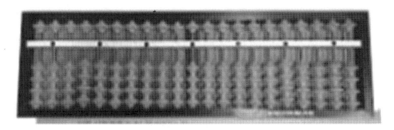

〈숫자를 4단위씩 구분한 주산 또는 주판〉

읽기에 쉽다. 예를 들면 10,0000,0000 원와 같이 구분하면, 10억(億) 원임을 알아보기 쉽다. 그래서 이승만 정부까지는 4자리마다 쉼표를 써가며 숫자를 구분하여 표시했다.

그런데 1961년에 계량법을 제정하여 서양식 표기로 통일시키면서 지금과 같은 영미 계통의 3자리 수 표시로 바꾸었다. 그때 바뀐 것은 이 것뿐만 아니라 표준시와 도량형도 바꾸었다. 우리나라 표준시도 127도 30분에서 135도로 바꾸었고, 도량형도 서양식 미터법으로 바꾸었다. 당시 정부가 내세운 이유는 세계시간이 나라마다 1시간 간격으로 되어 있다는 점과 도량형은 세계적으로 표준화되어 통일시키는 것이라고 했다.

2) 통장 잔고를 이익으로 오해한 박 사장의 「회계와 세무」 도전

어느 날 박 사장은 통장을 모두 모아놓고 계산기를 두드려 보다가 갑자기 정신이 아찔했다. 그동안 경리과장으로부터 올해는 약 10억 원 정도의 이익이 발생할 것이라는 보고를 받아왔는데, 통장 잔고가 겨우

2억 원 밖에 없지 않은가? 사장은 경리과장이 돈을 빼돌렸나? 하는 의심으로 밤새 뒤척이다가 다음 날 아침 경리 과장을 불렀다.

가) 자금흐름 계산

그랬더니 과장은 다음과 같이 조목조목 해명하는 것이 아닌가?

먼저 1) 전기 이월액 : 1억 원에 2) 총수익 : 30억 원 3) 인건비 등 관리비용 지출 : 20억 원(현금지출이 없는 감가상각비 1억 원 포함) 4) 시설투자 : 10억 원을 가감하면 5) 현재 통장 잔액 : 2억 원이 나온다는 것이다. 다시 말씀드리면 통장 잔액 2억 원의 계산은 『1억 + 30억 − (20억 −1억) − 10억 = 2억 』이라고 똑 부러지게 설명하였다. 그리고 결산이 끝나면 법인세액이 약 2.1억 원 정도 예상된다고 덧붙였다.

그 말을 듣고 보니 무지했던 자신이 부끄러웠다. "괜히 일 잘하는 경리과장만 오해했네. 그런데 지난 1년간 매출도 많이 늘어나고 자금도 풍족하다고 생각했는데 남는 게 고작 이것 뿐이라니…" 박 사장은 한숨을 푹 내쉬면서, 지난 1년간 투자를 한 사실은 잊은 채 회사 경영을 잘 못한 것인지도 모른다며 자책하였다. 박 사장은 이제 새로운 고민에 휩싸였다. 회계에 대한 박 사장의 솔직한 고백은 "설명을 들을 때는 이해하는 듯 했지만 돌아서면 뭐가 뭔지 잘 모르겠다."고 하는 것이다.

경리를 잘 모르는 사장은 잔고는 2억 원 밖에 없는데, 당기순이익은 10억 원이라고 하고, 거기에 법인세가 통장 잔액 2억 원을 초과한 2.1억이라고 하니 이해가 되지 않을 뿐 아니라, 문제가 있는데도 불구하고 사장이 경리를 모른다는 핑계로 변명하는 것 같아 기분이 언짢았다.

다음날 아침 박 사장은 과거에 다니던 대기업에 남아 관리 상무로 있는 친구에게 자초지종을 설명하고, 경리과장의 말이 맞는지를 물어봤다. 친구는 한마디로 "너네 경리과장의 말이 맞다"며, "아무리 중소기업이라고 하더라도 사장을 하려면 그 정도 보고는 이해할 수 있어야 하는데, 그렇지 않은 네가 사장을 맡고 있는 것이 도리어 신기하다."며 핀잔만 하는 것이었다.

나) 드디어 회계에 도전

사실 박 사장은 "영업만 잘 하면 회사 운영은 저절로 잘 된다."는 생각으로 운영해 왔는데, 이번 일을 계기로 회계에 대해 관심을 갖지 않을 수 없었다. 얼마의 시간이 흐른 후 박 사장은 경리과장과 마주 앉았다. "그동안 친구의 권유로 회계를 틈틈이 독학하였다며, 회계를 모르고 사장을 한 것이 부끄러웠다."고 고백하는 것이다.

"경리과장! 사실 그동안 차변이니 대변이니, 감가상각비니, 대손충당금이니 하면서 보고를 해도 나는 정확한 뜻도 모르면서 아전인수로 해석을 해 왔어요. 그런데 친구가 추천한 책을 훑어보니 아주 쉽고 재미있게 설명되어 있더라고요. 차변은 왼쪽을, 대변은 오른쪽이라는 것도 처음 안 일이고, 감가상각비는 무엇보다도 가치와 관계가 있는 것처럼 생각했는데 그것보다는 원가를 비용으로 배부하는 것이며, 대손충당금은 자금 적립과 관계있는 줄 알았는데 단순히 대손예정액(부실채권예정액)에 불과하다고 말이요. 내가 이해한 것이 맞나요?"

경리과장은 속으로 우리 사장이 이렇게 달라질 줄은 몰랐다며, 이제

〈연수교육시간〉

는 말이 통하여 오해 받을 일도 없어진 것 같아 기분이 좋았다.

다) 회계상 비용에는 세무상 손금으로 인정 받지 않는 것도 있더라.

박 사장은 회계를 배우면서 세무도 간간이 배웠다. 회사가 좀 된다는 소문이 퍼지면서 제일 먼저 동창들의 협찬금 요청에 거절만 할 수 없어 성의만 표시한다는 게 5천만 원이 나갔다. 이 돈은 장부상 비용으로 포함되어 있지만 세무상으로는 손금을 인정받지 못한다는 걸 알았다. 그래서 회계상 당기순이익은 10억 원이라 할지라도 세무상 이익은 10.5억 원이 된다는 구조를 알게 된 것이다.

3) 기초회계 교육의 필요성 강조

그 후 회사는 생각보다 빨리 성장하여, 통장에 잔고가 꽤나 쌓였다. 물론 사장은 그 통장 잔고가 회계에서 말하는 '당기순이익'이 아니라는 것도 이제 잘 알고 있다. 이제 박 사장은 간혹 선입선출법이 어떻고 회계분석이 어떻다는 등 회계 관련 전문 용어를 자연스럽게 사용할 수 있었다.

사장은 회사의 중견간부라면 어떤 분야를 맡던 간에 회계 기초는 알아야 하며, 특히 회사 CEO에게는 필수사항이라는 것을 절실히 깨닫는 계기가 되었다. 도전하는 마음이 중요하지 막상 배우니까 재미도 있고 무엇보다도 보고받는 내용을 쏙쏙 알게 되어 좋았다. 박 사장은 자기의 오류를 미연에 방지하는데, 복식부기가 많은 영향을 줬다면서 특별히 회계교육의 필요성을 총무과장에게 지시했다. ●

6.5 헷갈리는 조세 용어

육지에서 자란 나는 대학 졸업 후 처음으로 목포에 출장 갔다가 '세발낙지'가 별미라기에 발이 세 개인 낙지인가 싶어 호기심에 가득차 따라 나섰다. 그런데 세발낙지의 다리는 일반 낙지와 같은 8개가 아닌가? 다리가 가늘다고 해서 한자로 가늘 세(細)를 붙여 '세발낙지'라고 부른다는 것이다. 차라리 '세족(細足)낙지'라고 하든가, '발 가느다란 낙지'라고 불렀다면 괜한 오해는 하지 않았을 것이다.

언젠가 구치소에 면회를 간 적이 있다. 책과 영치금을 맡기려 신청서에 기입하려고 보니 맡기는 사람 란이 '차입자'라고 되어 있다. 차입자(借入者)란 '돈을 빌리는 자' 또는 '돈을 빌린 자'란 뜻으로 보통 사용되는 말이다. 이를 '맡기는 사람'이라는 뜻의 법률 용어 차입자(差入者)로 아는 사람은 법조계 관련자를 제외하곤 거의 없다. 다행인 것은 이 정도의 표현들은 설혹 뜻을 오해한다고 해도 불편할 뿐 남에게 손해를 끼치지는 않는다. 그렇지만 용어를 오해함으로써 재정적으로 손해를 끼치게 되면 문제가 다르다. '기업의 언어'라고 자처하는 회계에도, 세금을 매기는 세무용어에도 오해나 잘못된 용어가 없을까?

1) 헷갈리는 세무와 회계의 기초용어

가) 차변과 대변

차변(借邊)과 대변(對邊)이란 용어가 무슨 심오한 뜻이 있는 것이 아니다. 탁구대의 좌우가 있듯이 복식부기로 장부를 기록하기 위해서는 왼쪽과 오른쪽의 두 란이 필요하다. 이때 왼쪽을 차변이라고 하고, 오른쪽을 대변이라 한다. 그래서 차변 대신 좌변, 대변 대신 우변으로 치환해도 전혀 이상이 없다. 오히려 초보자가 이해하기 쉬울 것이다. 차변의 차(借)와 대변의 대(貸)란 뜻에 현혹되지 않기를 바란다.

나) 다른 표현 같은 뜻

학문에 따라 같은 뜻이면서도 용어를 달리 사용하는 경우가 많다. 회계에서 말하는 경영성과의 기간을 '회계연도'라 하는데, 법인세법에서는 '사업연도'라고 한다. 반면 소득세법은 '과세기간'(매년 1.1 ~ 12. 31)이라 한다. 뜻은 동일하지만 각각 다른 용어를 사용하는 경우이다.

다) 헷갈리는 용어 바로 알기

① 기간과 기한은 같은 뜻일까? 기간이란 일정시점에서 일정시점까

지의 사이를 말한다. 기한이란 특정 시점(예: 근로소득세 원천징수는 소득지급 다음 달 10일까지 납부)을 말한다.

② 가산세는 의무 위반 시 산출세액에 더하여 징수하는 페널티 성격의 세금이며, 가산금은 납부기한까지 납부하지 않은 경우 당초 고지 세액에 이자 개념의 추가 징수액이다.

③ 소멸시효(消滅時效)는 정부가 납세자로 하여금 납세의무를 이행하도록 독촉하지 않는 일정기간(예 : 5년)이 지나면 납세자의 납세의무가 소멸되는 것을 말한다. 다만, 과세관청이 납세고지·독촉·압류 등의 조치를 취하면 소멸시효가 중단되어 납세의무 기간이 다시 원점으로 되돌아간다.

라) '법인세' 대신 '법인소득세'라고 하자

법인세는 법인이 납부하는 10여 종의 세목 중에서 법인소득세만을 의미한다. 따라서 법인세라 할 것이 아니라 '법인소득세'로 하는 게 명확하다. 마찬가지로 개인 소득세를 소득세라고 하는데 '법인소득세'와 동일 차원에서 그냥 소득세라고 할 것이 아니라 '개인소득세'로 하는 게 좋을 듯하다.

2) 부가가치세에서 면세의 개념

부가가치세법상 납세 유형은 과세, 영세 및 면세의 3가지로 구분된다. 취급하는 품목이 그렇게 분류된다는 것이지, 회사가 과세자, 영세자, 면세자로 구분이 된다는 것이 아니다. 한 회사가 취급하는 품목에 따라 과세가 되기도 하고 면세가 되기도 한다. 예를 들면 우유 가공회사의 경우 백색 우유는 면세 제품이고, 딸기 우유는 과세 제품이 된다.

가) 과세품목

과세란 공급자가 공급하는 재화나 용역에 대하여 소비자로부터 부가가치세를 받고, 그 대신 취급하는 재화나 용역을 공급하기 위해 재료 등을 구입하는 경우 부담한 부가가치세를 차감하고 난 차액을 분기별로 납부한다. 차액이 (-)이면 환급을 받는다.

나) 영세품목

영세율은 재화나 용역의 공급가액에 영(0)의 세율을 적용하는 것으로 공급가액에 대한 매출(또는 수출)부가가치세 세액은 0이다. 그러나 그 수출을 위해 국내에서 매입할 때 납부한 매입부가가치세는 전액 환급받는다. 이는 수출하는 재화 또는 외화획득용 용역에 가격 경쟁력을 높이는 조세정책의 하나이다.

다) 면세품목

면제되는 재화와 용역 품목은 보건용역, 교육용역, 수돗물 등 생활필수 재화와 가공되지 않은 식료품 등이 대표적이다. 영세율과 면세는 매출부가가치세가 면세된다는 점에서 같으나, 영세율의 경우에는 매입 시에 부담한 부가가치세(매입부가가치세)를 환급받을 수 있는 반면, 면세의 경우에는 환급받지 못한다는 점에서 차이가 있다.

예를 들면 대학이 교실을 건축할 때 건물공급가액의 10%에 해당하는 부가가치세를 부담하게 된다. 대학 건물의 경우 1개 동이 대부분 10억원 대가 넘고 부가가치세 부담도 크다. 그런데 등록금수입은 면세이므로, 건물 취득 시 부담한 매입부가가치세는 환급받지 못한다.

3) 회계와 세법 용어의 차이

가) 조세감면규제법은 조세특별혜택법이다.

세법에는 '조세감면규제법'이란 것이 있다. 용어상으로 보면 조세의 감면을 적절히 규제하여 감면을 배제하는 내용일 것으로 추측된다. 그런데 법 내용은 정확하게 180도 반대의 내용이다. 즉, 정부가 특정산업의 육성이나 발전을 위해 세금을 깎아주거나 면제시켜 혜택을 부여하는 '조세특별혜택법'이다.

나) 세무조정과 손금불산입

회계에서 당기순이익은 수익합계에서 비용합계를 차감하여 계산한다. 그러나 법인세법에서는 당기순이익이라는 용어 대신에 사업연도

소득이란 용어를, 수익이라는 용어 대신에 익금이란 용어를, 비용이라는 용어 대신에 손금이라는 용어를 사용한다. 또한 법인세법의 '사업연도소득'은 회계의 당기순이익을 기초로 해서 계산하기 때문에 둘 관계는 밀접한 사이다. 이같이 당기순이익을 기준으로 해서 법인세액을 계산하는 일련의 과정을 세무조정(稅務調整)이라고 한다.

수익과 익금, 비용과 손금 관계는 익금 산입, 익금 불산입, 손금 산입, 손금 불산입의 4가지 유형이 생긴다. 이들 용어는 세무의 입장에서 보는 용어다. 예를 들어 손금불산입이란 회계에서는 비용인데 세무에서 불산입 즉 손금으로 인정하지 않겠다는 뜻이다. 가령 회사가 기부를 하면 회계상 비용임이 확실하다. 그런데 그 금액을 무한정 인정하면 세금 낼 재원이 없을 수도 있기에 공익성이 멀다고 보는 사장의 출신 학교 동창회에 협찬(기부)한 지출은 법인세를 계산할 때는 마치 기부가 없다는 가정하에 이익을 계산하여 세금을 계산한다는 점이다.

다) 소득공제와 세액공제의 차이

과세표준의 계산은 각 사업연도 소득에서 이월결손금·비과세소득 및 소득공제를 순차로 공제(차감)하여 계산한다. 과세표준이 계산되면 과세표준에 세율을 곱하여 산출세액을 구한다. 우리나라 영리법인에 대한 법인세율은 3단계 초과 누진세율로 되어 있다. 즉, 과세표준이 2억 원 이하는 10%, 2억 원 초과 200억 원 이하이면 20%, 200억 원 초과 3천억 원 이하이면 22%, 3천억 원 초과이면 25%이다.(2021년 기준)

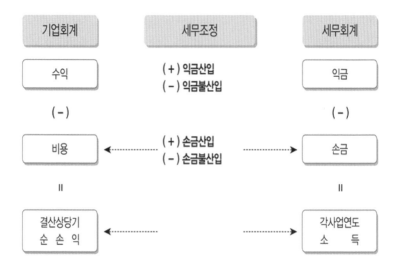

① 소득공제란 과세소득의 일부를 공제해 줌으로써 세 부담을 경감시키는 것이고,

② 세액공제란 산출세액에서 일정금액을 공제하여 주는 것을 말한다.

초보자에겐 그 소리가 그 소리로 들려 차이를 알기가 쉽지 않다. 흔히 결산하다 보면 생각보다 이익이 많이 발생한 경우, 경영자는 모교에 기부를 고려해 보기도 한다. 세금으로 내는 것 보다는 그 돈으로 모교에 기부하면 세금도 줄고 생색도 낼수 있어 내 일석이조가 된다.

만약 이익이 10억 원으로 추산되는 기업이 모교에 기부를 1억원 하면 세금도 1억 원 만큼 줄까? 기부는 소득공제이지 세액공제가 아니다. 때문에 1억원을 모교에 기부하면 그 회사에 적용되는 세율(20%) 만큼만 즉, 2천만 원의 세금이 줄어드는 것이다.

4) 상식과 다른 세무 회계 용어들

가) 대손충당금

관행이란 이름으로 개정하지 않고 사용하는 용어 중 하나가 신문이나 방송에서 자주 오르내리는 '대손충당금'이다. 회계에서 대손충당금은 '대손에 대비하여 적립한 돈'이 아니고 '대손예상액'이란 뜻이다. 가령 "매출채권액 100억 원에 대손충당금이 3억 원이다" 라면 대손에 대비하여 3억 원을 별도로 적립한 것이 아니고,' "매출채권은 100억 원이나 3억 원은 대손이 될 것으로 예상하여 실제 회수는 97억 원으로 추정된다."는 뜻이다.

나) 사례 분석

전문적인 회계 지식이 없는 사람들은 대손충당금이라고 하면 '떼일 것을 대비해 쌓아두는 돈' '적립한 돈' 또는 '충당금으로 쌓은 돈'으로 이해하기 쉽다. 물론 이러한 결과는 그렇게 해석하는 상식인의 잘못이 아니라 대손충당금이라는 용어를 계속 사용하는 전문가 집단의 무관심이 더 큰 이유라고 할 수 있다.

이 기사에서 기자가 전하려고 하는 내용은 "올해의 은행 실적은 전년도보다 48%나 감소하였고, 그 주된 이유는 채권 부실화 때문이다." 라고 하고 싶었을 것이다. 그런데 정작 기사 내용은 대손충당금은 '떼일 것을 대비해 쌓아두는 돈'이나, '적립한 돈' 또는 '충당금으로 쌓은 돈'으로 보충설명까지 해 오히려 오도시키고 있는 것이다.

'국내 은행의 당기순이익은 1조 1000억 원으로 지난해 같은 기간(2조 1,000억 원)에 비해 48%나 줄어들었다. 저금리의 영향으로 지난해에 비해 9,000억 원이나 줄었다. 또 부실채권이 늘어나면서 은행이 쌓아야 하는 대손충당금도 늘고 있다. 대손충당금은 대출을 받아간 기업이나 개인이 자금난 등으로 부실화되면 은행이 떼일 것을 대비해 쌓아두는 돈이다. 대손충당금으로 5조 4,000억 원을 적립했다. 상반기 은행 순이익(2조 8000억 원)의 거의 두 배 가량을 충당금으로 쌓은 셈이다.'

앞의 예에서 매출채권 잔액은 100억 원인데 예상되는 대손 추정액 즉, 대손충당금을 5억 원으로 보게되면 3억 원으로 보는 것 보다 이익이 2억 원 줄어들게 된다. 이처럼 대손충당금은 자금 자체는 건드리지 않고서 이익을 조작하는 전형적인 회계처리 방법의 하나로 악용되기도 한다.

다) 적립금 등

회계 용어 중에는 적립금, 유보금, 잉여금 등 용어 끝에 'xx금'이 붙는 계정과목이 많다. '금'이 붙은 용어라서 그런지, 이를 예금의 적립 또는 잔고와 관련이 있는 것으로 오해하는 경향이 있다. 회계 지식이 없으면 그렇게 오해하는 것도 무리가 아니다. 예를 들면 유보액은 돈으로 적립하여 보유할 수도 있고, 채권으로 가질 수도 있으며, 때로는 이미 돈은 투자하여 돈이 없을 수도 있다. 따라서 최소한 '00금'과 같이 '금(金)' 대신 '00액'과 같이 '액(額)'이라도 수정하면 어떨까?

라) 감가상각비

토지와 건설 중인 자산을 제외한 유형자산은 수익창출에 기여하는 동안 수익·비용 대응의 원칙(matching principle)에 따라 취득원가를 사용기간에 비용으로 배분하는 것을 감가상각이라 한다. 따라서 감가상각은 오랫동안 사용가능한 자산의 취득가액을 사용기간에 배부하는 것이므로 돈 지출이 수반되지 않는다. 순전히 취득가액의 배부금액에 불과하다.

차제에 법률이나 회계에서 비록 관행으로 사용하고 있다 하더라도 잘못된 것이나 심각한 오해를 주는 전문용어는 수정 또는 개정하는 것이 바람직하다. 그건 빠르면 빠를수록 좋다. 그래야 지금도 잘못된 개념을 익히느라고 고생하는 후학들이나, 건전한 상식인에게 더 이상 불필요한 고생을 시키지 말아야 할것이기 때문이다. ●